だいわ文庫

イギリス式収納

小さな空間で見せる！片づく！

井形慶子

JN286243

大和書房

はじめに

どんなに片づけても、家がいつも散らかって見えるのはなぜだろうとつねづね考えていた。

イギリスで訪れた家々では、リビングを始め、トイレ、ゲストルームなど、部屋の定位置にランプ、絵、クッションがきちんと置かれ、その一つ一つを鮮烈に思い出すことができる。それは整理整頓された家というより、選び抜かれた品々が大切に扱われている丁寧《ていねい》な住まいの手本のようだった。

ヨークシャーの小学校教師の家では、6畳ほどのバスルームに、同じデザイン、サイズ違いの籐のバスケットが、天井の取りつけ戸棚にズラリと並べられていた。中には洗剤、予備のトイレットペーパー、雑誌類など雑多なモノが入っている。大小さまざまなバスケットが一列に並ぶ様子はとてもスッキリと見え、シンプルなオフホワイトのバスルームを美しく片づけていた。

また、ある家庭では縦5個×横3個、計15個の収納スペースがある針金でできた吊《つ》り棚に、トイレットペーパーが整然と収められていた。トイレットペーパーをオブジェのように飾って収納するセンス。しかも1個欠けるとストックから1個補充し、突然、紙がなくなったと慌てることもないと聞いた。

イギリスでは、どんな生活道具もルールにのっとって収納されている。だから部屋が雑然と見えないのだ。

少ないモノでスッキリ暮らすことは単純明快で当たり前のことだ。けれど、たくさんのモノをいかにセンスよく、使い勝手よく収納できるかは、それなりの技術がいる。

長年訪れてきた、さほど広くなく、むしろ日本より狭いといわれている平均的なイギリス住宅は15坪前後と小さいが、日本にはない収納の知恵があった。例えば、私たちはすべてのモノを隠す収納を目指す。対してイギリス人は見せて（showing）飾って（decoration）モノを美しく収納しようとする。

日本人の習慣にはない、こんな収納に対する発想が、モノに振り回されない整然とした暮らしの秩序を作り上げていた。それは誰もがどこかで必ず取り入れられる豊かなアイディアに満ちている。

あるイギリス人主婦が日本の家庭を訪問し、室内があまりに散らかっていることにショックを受けたという。

「日本人は毎日掃除をしているのに、整理整頓ができていない」という声もよく聞く。

GREY HOUSE
ANTIQUES
JEWELLERY
SILVER

20年以上も前から、収納特集はインテリア誌が売り上げを伸ばすための黄金企画といわれていた。インテリア雑誌の編集者だった私は収納の実例を撮影するため、多くの家を訪問した。その時、同じことを感じたものだ。

本番撮影前にインスタント写真を撮ると、きちんと棚に並べられているのに、本や雑貨がなぜかゴチャゴチャとした感じに写る。壁にかけられた絵もなぜかアンバランスで、モノがひしめいているように感じる。

聞けば取材させていただいた家の人々は、雑誌の撮影が入るということで、昨日から大掃除気分でリビングを片づけたという。ある家庭ではできるだけいい写真を撮ってもらおうと食器棚を新調したというが、並べられた食器はサイズも色もバラバラで、新しい食器棚を買ったにもかかわらず雑然と見えた。

それぞれの食器がいかにセンスがよくても、デザインや色が違ううえ、大皿、小皿とサイズ違いの食器が棚に押し込まれているせいだ。これは観賞用に耐えうる皿を選びぬいて飾るイギリス人とは違う。

日本は戦前、「質素」「倹約」が美徳とされたが、戦後になると「ほしい時に買う」ことが当たり前となり、消費が大いなる夢となっていった。

そんな中で私たちは、モノと手を切ることができない。モノを捨ててスッキリさせるにも、現代のライフスタイルでは限界がある。専門家は、日本の住宅の中には数千種類にも及ぶモノがあると警告しているのだ。

スペースに限界がある日本の住宅で、そんな大量のモノをいかに片づけていくか、新たな知恵は不可欠だと思う。

本書ではイギリスの人々のユニークな住まい方を、収納という私たちが最も頭を悩ませるポイントに絞って書くことにした。彼らの整理法には、たくさんのモノと整然と暮らすヒントが詰まっているからだ。

井《い》形《がた》慶子《けいこ》

目次

イギリス式収納

小さな空間で見せる！片づく！

イギリス（United Kingdom）
0
50
100
150km
インバネス
スコットランド
グラスゴー
北アイルランド
ダラム
ヨーク
ヨークシャー
ランカシャー
イングランド
ウエールズ
バーミンガム
チェルトナム
コッツウォルド丘陵
ロンドン
ソールズベリー

第1章

見せて、飾る、美しい収納

1 「左右対称」と「連続」という基本のワザを覚える

「はじめに」で書いたように、イギリス人が室内をスッキリと見せることができるのは、強力なバランス感覚があるからだ。

ある時、イギリスの住宅地を歩いていると、ブリックハウスと呼ばれる16世紀のレンガ造りの建物があらわれた。中央の玄関ドアの上部には半円形の庇《ひさし》（ペディメント）が建物の中心を示し、規則正しいバランスを強調していた。その両横に窓、煙突、外壁に刻まれた装飾が、これまた左右対称に配されている。それが家の安定した美しさを際立たせていた。

こんなルネッサンスの古典的手法、シンメトリー——すべてを左右対称にする考え方は、今なおイギリスの家のデザイン、間取り、そしてインテリアに強い影響を与えている。

彼らの家がたくさんのモノに囲まれていても整然として見える理由がここにあった。

イギリスのリビングの中央には暖炉がある。ここを室内のフォーカルポイントに、左右同じ高さに棚を取りつけ、絵をかける。こうすることで空間にバランスが生まれ、多少モノが増えてもスッキリ見える。

自分の持っているものを他人に見せる喜びにあふれたビクトリアン時代。1849年に描かれたウィルトシャー州（コッツウォルズ地方の一部）のハセット家のリビング。暖炉の両側にある食器棚、柱時計をはさむようにかけられた左右対称の絵と椅子が、モノのあふれる部屋に秩序をかもし出している。

上◆ソールズベリー郊外に建つMill House（水車小屋）もシンメトリーのアイディアに満ちていた。

下◆水車小屋のリビングルーム。40代女性オーナーは美しい風景画をフォーカルポイントに、シンメトリーに作りつけられた本棚に合わせて、ランプも均等に置いている。

上右◆階段下に連続して積まれたスーツケース。通常、屋根裏にしまわれるものだが、ここでは雑誌や本の収納箱として使われていた。こうすれば手軽に移動もできる。
上左◆イギリス人は通常、部屋の中央にある暖炉の上に鏡、絵、写真を飾る。同じ白黒写真を連続で飾るこのリピートアイディアは、クラシカルな印象をより強調している。

下◆壁かけ式飾り棚のたくさんの小物も、よく見ると二つずつ並んでいる。

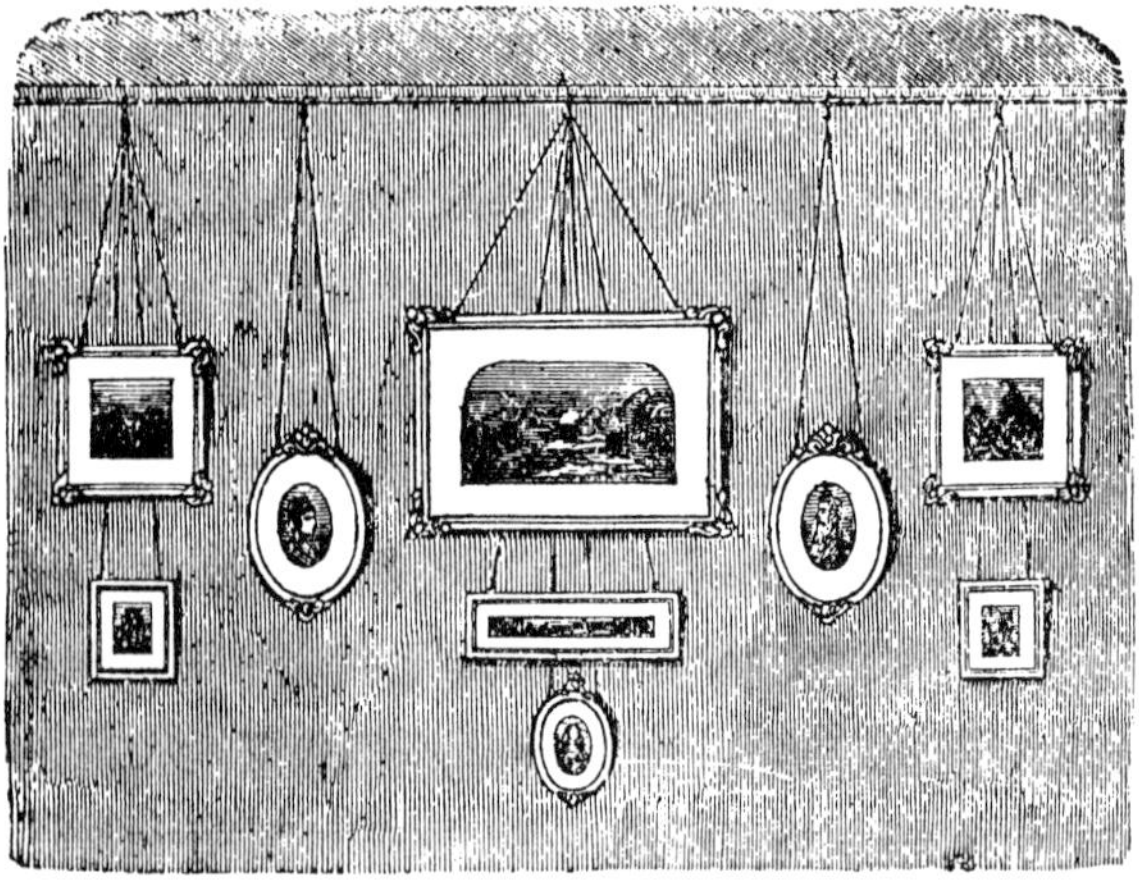

17世紀末、ヨークシャーの邸宅の絵のかけ方をスケッチしたもの。当時のイギリス住宅の壁は石材でできていたため、小さな絵をたくさんかけるピクチャーレールが天井近くの壁に渡してあった。絵の位置を統一しつつ、シンメトリーに配することで、たくさんかけても壁がスッキリ見える。

よくイギリス人の家はモノが少ないというが本当にそうだろうか。

今から約150年前のビクトリアン時代、イギリスではたくさんの絵、置物、食器など暮らしにモノがあふれ出し、それが裕福さの象徴となった。日本では高価なモノを買っても箱に入れ、物置にしまい込むケースが多いが、イギリス人は家を訪れた人に自慢の品々を見てほしいと願い、できる限りそれを飾り、表に出す。リビング、ダイニングがある1階は客を招くショールームで、寝室のある2階はプライベートスペースと、目的にそった家の住み分けを明確にするためだ。彼らはリビングに思い入れのあるモノを飾り、「見せながら収納」に力を入れて家の顔を作り出している。

ちなみにシンメトリーのコンセプトは右左から本をはさみ込む「ブックエンド」にもあらわれている。イギリスのアンティークショップでは、時に豪華なブックエンドを見つけることができる。いつかヨークで見つけた、しゃがんで本を読む少年の人形が付いた木製のブックエンドも、真ん中にどんな色の本をはさみ込んでも決まる。たちまちシンメトリーな美しさがかもし出せるためだ。

イタリアが発祥といわれる、たくさんのモノを美しく見せる左右対称の原理と、連続して同じモノを並べるアイディアを使って模様替えをすれば、室内が見違えるほど整然と見えるから不思議だ。

2 とっておきの食器は飾って収納する

見せて飾るイギリス式収納の代表格といえば、ドレッサー、またはシェルビング(shelving)と呼ばれる絵皿などを並べた美しい食器棚だ。

中世から始まったといわれるこの収納法は、食器を飾ることがステイタスだったイギリス人の生活習慣であり、使ううちに高価な食器を割ってしまうことを防ぐための策でもあった。

食器は彼らにとって家具と同様、大切なものだ。

今でもイギリス人は3種類の食器セットを持っているといわれる。一つは日常使いのもの、二つめはゲスト用のセット、三つめは特別な日に使うディスプレイ用の食器だ。

あるイギリス人は食器棚を指差し、「女王がわが家にやってきたら、これでお茶をふるまうよ」といった。それくらいディスプレイ用の食器は大切に保管され、イースター、クリスマスなど聖日におごそかに使われる家宝に近いものなのだ。

このような食器棚には、皿をキレイに並べるための細工がしてあった。イングランドとウェールズ地方の食器棚の棚の部分には溝《みぞ》がある。この溝に皿が差し込まれ、背

上◆食器を飾るためのショウキャビネット。オーク材のアンティーク家具はリビングに置く。

下◆ふだん使わないコーナーを生かす三角キャビネットも人気が高い。

板に立てかけるスタイルとなっている。またスコットランド地方では、一般的に皿を前方に倒して並べられるよう、棚と棚の間に桟《さん》が渡してある。

並べる皿やカップは通常、セットものにする。見た目に統一感があるうえ、いざ接客で使おうとする時も便利なのだ。また、柄違い、色違いでお気に入りの皿を並べるケースもあるが、住人の趣味でセレクトされた食器には、不思議と統一感がかもし出されている。

このような食器を「飾り収納」する習慣は、イギリスから欧米諸国に飛び火したといわれる。

さらに、食器棚は単に食器を収納するだけではなく、ビクトリアン時代よりコテージや屋根裏部屋など、しばしば小さな空間を仕切る役目を担っていた。大きな食器棚によって、ワンルームコテージの片方が食堂に、もう片方が寝室になるということもめずらしくなかったのだ。田舎ではホールがキッチンとリビングの二つの機能を持っていたため、間仕切り用の食器棚はリビング家具にふさわしいオーク（ナラ）材が好まれていた。

ところで、イギリスの収納には二つのポイントがあるとロンドンのインテリアショップで聞いた。一つは、「いかに合理的にしまえるか」。そしてもう一つは、「この家の中で何がいちばん大切か」を示すことだという。リビングルームでよく見かけるガ

屋根裏部屋を間仕切るパーティションとしての大きな食器棚。

ラス扉の付いたキャビネットもその一つだ。これは別名「ディスプレイ・キャビネット」といわれ、その家の最も価値あるモノが並べられている。

イギリス人はクリスタル製品を好んで収集するが、台の部分すべてがガラス張りで、

これも部屋のコーナーをうまく利用するための食器棚で、時には小物などを並べ、部屋を明るく見せる効果をねらう。

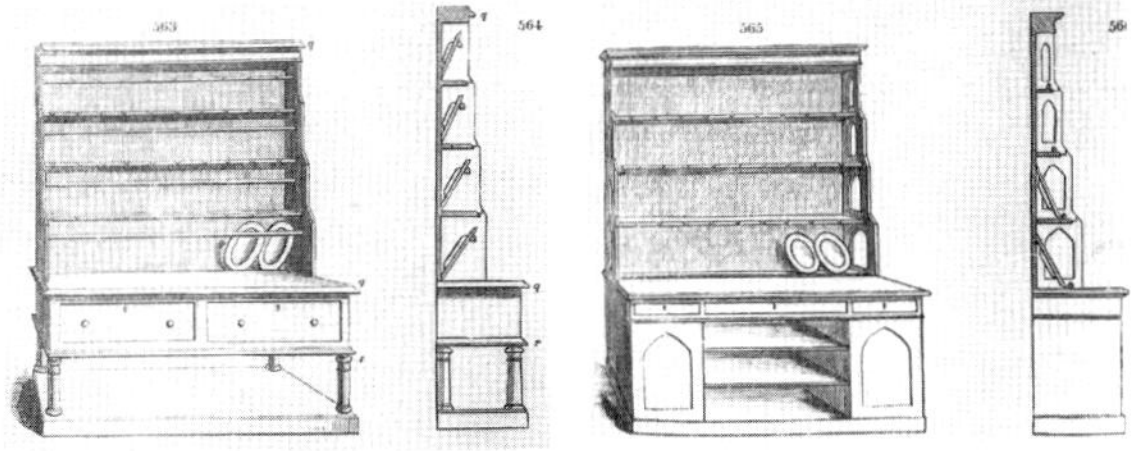

上◆19世紀、食器の並べ方は2通りあった。背板に立てかけると表にほこりが付くため(右)、時には前に倒すように並べられる(左)。

中◆1930年代、イギリスではシンプルでモダンなしかけ収納が流行った。

下◆キャビネットの扉は倒すとテーブルになる。当時のフラットは小さく、すべてをコンパクトにしたが、裕福な家庭の象徴、伝統的な食器を飾るアイディアは健在だった。

棚の後部には鏡が使われ、光を反射しやすいよう工夫されたキャビネットは、クリスタル収集家に人気が高い。

ある家庭の主婦は長年、一人の陶芸家から買い続けた作品をこのキャビネットに収納していた。ここに入れておけば、より陶器が美しく見えるうえ、誰も気軽に触《さわ》れないからゲストに破損される心配もない。

私たちは、高価なモノは押し入れなどにしまい込み、スペースがあれば、なるべくふだん使いのモノを効率よく収納しようとする傾向がある。だが、結局のところ高価なモノを倉庫にしまい込んでも、そこでもスペースは必要となる。しまっても、見せても、モノがスペースを占領することに違いはない。

誇るモノ、美しいと思うモノをすべて他人に見せる収納の楽しさは、今なおリビングの主役となっている食器棚、ガラスキャビネットに透けて見える。

伝統的な日本家屋ではかけ軸、床の間の花器など、きわめてシンプルに飾るうえ、自分の持っているモノを見せることは傲慢だと控える傾向にある。こんな発想は、イギリス人が他人に「私の妻は美人です」と誇り、日本人は「家内はたいしたことないですよ」と、卑下する態度にもあらわれている。

これが収納にも通じる文化の違いなのだ。

3 リビングのオーディオを隠すわけ

私が家を新築した時、1階リビングのインテリアを考えるにあたっていちばん苦労したのが、テレビ、ステレオコンポなどの家電をどう収めるかということだった。私は英国風コテージをモチーフにした空間を作りたかったが、大型テレビを置くだけでイメージが壊れてしまう。これは新築、リフォーム工事にあたる人が必ず直面する悩みだ。

日本を訪れたイギリス人がこんなことを話していた。

「古民家を改装した家を訪ねた時、畳、こたつ、火鉢、ふすまと、見事に調和した和室に住まいながら、部屋のまん真ん中に最新のテレビやオーディオシステムが置いてあった。こんなコーディネイトはイギリスでは稀《まれ》なことだ」

彼はそう話しながら、イギリスでは皆が最新のプラズマテレビを見たいと思うものの、１００年前の古いインテリアに最新のオーディオなどは合わないと、古いモノとハイテクをうまく結びつける収納法を考え出すと話していた。

例えば、リビングの一角に、１００年前の様式をかたどったキャビネットを置き、それにテレビを入れる。またキッチン機器をつなぐコードを部屋の高い部分に這わせ、複数のコードを隠し、ステレオもコンパクトで目立たないモノを選ぶ。

イギリスではしばしば何十年も前のテレビがリビングにあるが、昔のテレビのほうが現代のデザインよりも古い家にマッチする。

また、ホームセンターなどではオーディオ・キャビネットは人気商品で、その中にはアンティーク風のモノも多い。他にもヒーターを円柱形のカバーで覆い隠したり、バスルームにあるボイラーを木製シェードで覆ったり、メカニックなモノをインテリアから極力排除して、見せたいインテリアを際立たせていた。

ハイテクのものも古く見せたい、イギリス人の感覚がわかるリビングのキャビネット。

第2章

あふれる服に歯止めをかける方法

4 クローゼットに入る分だけの服を持つ

夏と冬の服装が代わり映えしないイギリスには、衣替《ころもが》えという習慣がない。地球温暖化の影響でイギリスの夏も暑くはなったものの、夜は肌寒い。また、冬は室内にセントラルヒーティングが完備されているため、半袖一枚で過ごすこともできる。

つまり、どんな服も年中着られ、クローゼットには持っている服のすべてがかけられている。その数は日本人に比べるとはるかに少なく、「お持ちの服は本当にこれだけですか?」とクローゼットを見せてもらうたびに何度も聞き返した。

在日イギリス人の男性は、ロンドンに戻るたび、友人のクローゼットを見て服の少なさに驚くといった。イギリスではそれほど服を持たなかった彼も、日本に長く暮らすうち、ジーパンだけで15本も増えたからだ。彼は東京に来た頃、独身者の部屋に行くたび、カーテンレールなど部屋中にクローゼットからはみ出した服がぶら下がっている光景を見て、イギリスではありえないと驚いた。だが、ほうぼうの部屋を訪ねるにつれ、今ではあふれる服に眼が慣れてしまったという。

イギリスの家には日本の押し入れにあたる大きな収納スペースが少なく、クローゼットも比較的小さいことから、クローゼットに入る分だけの服が基準になっている。

上右◆イギリスでは暖炉の両側のくぼみにクローゼットを置く。雑然と見えるため、上にモノはのせない。
上左◆典型的なビルトインクローゼットは、天井までの空間が有効活用できる。

下◆シャワーを浴びた後、スムーズに着替えられるよう、バスルームにクローゼットを作りつけためずらしい実例。

新しい服を買ったら、1年以上袖を通していない古着はチャリティーショップに寄付するなどして、つねにクローゼットの中身を一定に保つ。

イギリス人はセールというだけで飛びついて服を買う習慣はない。服に対するイギリス人の発想を「必要に迫られて買う」と表現した人がいるが、日本人は「ほしい」という感覚だけで買ってしまう。その理由の一つにデフレ日本の服の安さが挙げられる。イギリスの服の価格は総じて日本より高い。これは日本ほど服が売れないから、必然的に服一着の単価が上がっていくのだと聞いた。

彼らは、10年以上使えるような上質のコート、セーターなど、本当にいいモノをセールで見つけたら、購入後タグが付いた状態で屋根裏や地下室に一旦保管する。そして今着ているモノがダメになったら、初めて袖を通すという気の長い習慣がある。靴、バッグなど小物も、こうしておくと本当に良質なモノが残り、「安物買いの銭失い」のようなムダもなくなる。

また、クローゼットの中は丈の短い服と長い服とに分け、さらに色別に分類すると服を探す手間も省ける。着たい服が見つからず、持っているのにわざわざ同じような服を買ってしまうムダを、誰もが一度は経験しているはずだ。クローゼットにはいつもお気に入りだけを管理して入れておく習慣を保てば、少しずつ持ち服も整理されていくのではないだろうか。

20代の若いカップルが共有するクローゼットの中には、二人のすべての服が入っていた。棚は簡素な手作り、ドアはホームセンターで購入した立派な既製品が取りつけられていた。

5 イギリス式パイプハンガーの使用法

1970年以降、日本では『an・an』『non-no』などそれまでのホームソーイングに必要な製図付きスタイルブックとは全く違う、どこでどんな既製服を購入すればいいかを示すファッション雑誌が登場。今にいたるまで、おしゃれとは服を買うことだと啓蒙《けいもう》し、その影響で私たちのクローゼットは収拾がつかなくなっている。

自分専用のクローゼットの中に持ち服のすべてを眺められるようにゆとりを持ってしまうことが、合理的に服を収納するコツだと聞いた。

このようにしておくと、必要な服と足りない服が一目でわかる。イギリス人が持ち服に振り回されず、クローゼットの中をコントロールできるゆえんはここにあった。

だが、あふれんばかりの服を持つ私たちが、これを実行することは難しい。

ところで、イギリスでは画期的な収納ショップが話題となっている。94年の開店以来売り上げが倍々で伸びている、アメリカ東海岸出身のドウナ・ウォルター女史が率いる「ザ・ホールディング・カンパニー」がそれだ。ここは台所用品から衣類、アクセサリー、事務用品まで、あらゆる収納関連用品が販売されている。

この企業の始まりは暮らしの中の不満からだった。

結婚を機にイギリスで生活を始めたウォルター女史は、自宅を改装する際、丈の長いスカートを吊《つ》るせる収納スペースがなかったので、アメリカのようにクローゼット整理の専門会社を自宅に呼んで改装してもらおうとした。だが、イギリスで棚や仕切りを取りつけてくれる専門業者は見つからず、彼女は収納用品を自らデザインし、これをビジネスに発展させたのだ。収納用品が一つあれば毎日10分、時間を節約でき、生活にゆとりが生まれる。これが収納の基本概念だと彼女は話す。

そんなウォルター女史が立ち上げた「ザ・ホールディング・カンパニー」からは、

上◆ひんぱんに着る日常服は家族全員分をまとめてパイプハンガーに吊るす。玄関先のコートフックと同じ収納法。

下◆ベッド、チェストなど、周りの質感と異質のパイプハンガークローゼットは、風通し、日当たりのよい窓際に置くことがポイントだ。

イギリス人に人気のバスケットを用いたユニット家具や、ボトル、缶、古紙を分類しつつ、縦に積み重ねられるユニークなゴミ箱など、ベストセラー商品も数多く出ている。

緩《ゆる》やかにイギリスの収納スタイルは変わりつつある。

イギリスの若い世代を中心に浸透してきたパイプハンガーも、もともとイギリスではとてもめずらしいものだった。あくまで収納をディスプレイ主義で考えるイギリス人にとって、部屋内に服や靴が出ているのは不自然なこと。服一着でもクローゼットの外に出すと部屋中に次々と服をかけてしまうかもしれない。こんな危惧《きぐ》は日本やアメリカのように、収納をラフにとらえる人々には理解できないだろう。

保守的なイギリス人が取り入れる収納家具には、便利さ、収容量だけでは計り知れない美観というポイントがあることを忘れてはいけない。

合板で作られた安価な棚やカラーボックスを、彼らが家になかなか置かないのはこんな理由からだ。

6 散歩を愛する人々のコートと靴の扱い方

クローゼットの中でいちばんかさばるのが冬用の厚いコート、レインコートの類《たぐい》だ。こんな日常コートは外出する時、気軽に着ることができるよう、クローゼットにしまい込まず、毎日学校に着ていく子ども用のジャケット同様、玄関先にかけてある。

家によっては、束になった家族全員のコートがセントラルヒーティングのパネル近くのコートハンガーやフックにかけられている。中には一着だけ大きめのコートをかけておいて、家族皆で同じコートを着回すケースもある。

こうしておけば一日何回も雨が降るイギリスで、びしょぬれになったコートも玄関に吊るすだけで自然に乾くうえ、寝室に持ち込んでクローゼットをぬらす心配もなくなる。

イギリス人にとって、こんな日常使いのコートは、雨や外気から体を守るための服なのだ。

17世紀以降、イギリスでは玄関を入ると、「コートラック」というコートをかける場所があった。また大きな邸宅では「クロークルーム」と呼ばれる、コートを脱ぎ、収納する専用の部屋まであった。今でも誰かの家を訪問すると主人が必ずコートを受

上右◆靴の収納棚は、寝室のクローゼットの中に組み込まれる。
上左◆裏庭に続くドアの前のセントラルヒーティングは、帰宅後、雨や雪で湿ったコート、手袋、タオルなどをかけ、それらを乾かす。

下右◆ガレージに近いバックドアには、日常使いの靴を入れるバスケットとコートフックがあった。多少、靴が変形しても、取り出しやすさを優先している。
下左◆狭い廊下では壁にフックを留めつけると、家具を置くよりスペースの節約になる。

け取って適当な場所にしまってくれるのは、玄関先でコートを脱ぐ習慣が続いているからだ。

これと同じ考えは靴の収納にもあらわれていた。

例えば、毎日の散歩に使うスポーツシューズ、家の中を歩くスリッパ、そして子どもの靴は玄関に並べる。子どもにとって通学靴は日常靴だからだ。

イギリスでは約15年前までは家の中で靴を履いていたが、今は脱ぐ人も増えた。それをどこに収納するのか。

こんな話がある。

あるイギリス人が便利そうだと、知り合いに頼んで日本製の靴箱を送ってもらったところ、それを見たイギリス人は皆、驚いたそうだ。イギリスで靴箱というものはないうえ、これを玄関先に置いて、いちいちドレスアップしたゲストに靴を脱いでもらう感覚が信じられなかったからだ。しかもイギリスの住宅は玄関先が狭く、廊下には靴箱を置くスペースなどない。

結局、取り寄せた靴箱は寝室のクローゼット横に置き、そこに高価なパンプスやビジネスシューズを収納し、自分たち専用にしたという。

コートと靴、それぞれ用途や目的にそって置き場所を変えることで、どちらもさらに使いやすくなるのだ。

メインドアの横に置かれたイギリスの典型的なコートかけ。コートフックは玄関周りに欠かせない家具。外出時に着たいコートを探す手間も省ける。

第3章

箱と既製家具でスッキリ見せる

7 大小さまざまな籐の箱、バスケットをそろえる楽しみ

イギリスの収納で家具に籐（ラタン）製のバスケットを組み合わせるコーディネイトは人気がある。籐は、ヤシ科のつる性植物で、インドネシア、フィリピンなどの熱帯・亜熱帯地域の密林に繁殖している。すでに古代エジプトではスツールとなっていたこの籐製品をイギリス人が好むのは、風通しがよく衣類の保管に向いているうえ、持ち運びにとても軽いということだ。

日本では1000年も昔から、籐は弓や太刀《たち》など武具の材料として愛用されてきた。この籐が家具として使われたのは明治以降だったが、一般の人々の生活に根づくのは70年代に入ってからといわれている。

さて、鍵や時計や文具など、家の中には個人が使う細かいモノが数多く転がっているが、これらは大きな引き出しではなかなか整理がつかない。そこでたんすの下に、箱型バスケットを突っ込んで、そこを個人のスペースにするのだ。子ども部屋のベッド下も、シーツや洋服やおもちゃをしまうためにバスケットが大活躍する。既製家具は何かを加えることで使い勝手がよくなるのだ。

このようなバスケットは、「イケア」などのイギリスのホームセンターで求めるこ

上◆バスケットは大から小へと重ねると、それ自体が美しい家具となる。ある主寝室の一例。

下右◆籐のカゴは木の家具とマッチする。軽くて、安く、見た目にも美しいと人気だ。
下左◆ベッドの下に箱を組み合わせる習慣は、イギリスでも1960年代頃から始まった。

とができる。バスケットを買う時にはサイズ違いのモノを何種類も求め、ロシアンドール（マトリョーシカ）のように大きなバスケットの中に小さなバスケットを重ねて入れ、使わない時は一つにまとめて収納しておく。ゲストが泊まりにきた時には、バスケットの箱を一つ寝室に運んでおくだけで客用の収納庫にもなるから便利だ。

このアイディアは、イギリスで人気のネストオブテーブルという三つに重ねる入れ子式サイドテーブルにもあらわれていた。使わない時は三つ重ねてコンパクトに収納し、パーティーなどで人が集まった時には、リビングのソファーや一人がけチェアの前に小さな机をサイドテーブルとして単体で置く。このネストオブテーブルと、サイズが違う入れ子式バスケットをそろえるアイディアは、ともにロシアンドールスタイルと呼ばれ、スペースが節約できると好評だ。

また、大きいバスケットの上に小さいバスケットを積み上げると、見た目にもとてもおしゃれで、インテリアとしても効果的だ。上にいくほどサイズの小さいモノを積んでいくと、重量は軽く、動かしやすい。逆に同じサイズのバスケットを積み上げていくと安定感やバランスが悪くなる。

このように、積んでもバラしてもいかようにも利用できるフレキシビリティーもまた、収納家具には欠かせない要素なのだ。衣服や靴も軽量化が進む今、籐の利点を生かしたバスケット人気はますます進むだろう。

コッツウォルズ地方の雑貨店でセット販売されていた「ステップサイズバスケット」。このようにサイズ違いを三つセットで購入することが定番。

8 大量生産の既製家具は、セットで使ってリッチ感を出す

イギリス人はチェスト、ベッド、サイドテーブルなど家具を買う場合、セットで購入する傾向がある。そのほうが激安店のディスカウント率も高いからだ。

たいていの既製家具はパーツが箱に入っていて、自宅で組み立てる方式。買った家具をカートで駐車場まで運び、自家用車に積み込んで持ち帰る。

イギリス人がセダンではなくワゴン車を好むのは、購入した家具を即、自分で運搬できるメリットがあるからだ。

ところで、イギリスで新婚カップルが家具を買う場合、妻の親が披露宴の費用を払い、夫の親が寝室に置くユニット家具を買う習わしがあった。

ベッド、女性のための大きなクローゼット、男性のための小さなクローゼット、鏡台、チェスト・オブ・ドローズ、これらが一般的寝室のユニット家具と呼ばれるものである。ベッドルームやキッチンにこのようなユニット家具が置かれているのは、イギリス人がよりリッチなイメージをかもし出せるセットシステムを好むからだといわれている。

イギリスではアンティークなど良質の家具と質の悪い家具との差が激しい。ただし、

上◆このセミデタッチトハウス(二戸一戸建て)にはユニット家具がそろっていた。

下◆パイン(マツ)材で仕上げられた二つのチェスト・オブ・ドローズ、三つのワードローブ(wardrobe)は、イギリスで人気のインテリアショップ「ファンシング　スタジオ」のもの。このセミデタッチトハウスの夫婦はそれぞれのユニット家具をここで買っていた。

柔らかなアイボリー系のベッドカバーと、ユニット家具の色を合わせてある。
60代の夫婦は30年間これを使っていた。

安い家具といえどもほとんどが天然木。本当にほしい家具が買えるような経済状況になるまで、お金をかけず部屋作りが楽しめる。

こんな家具の買い方はイギリス人の住宅購入にも通じる。人々はワンルームの部屋を皮切りに、少しずつ大きい家へと売買を繰り返し、最終的に理想の家を手に入れる。家具に関しても同じようにステップアップを繰り返す。

もちろん両親たちから受け継いだ、とっておきの家具を若い人たちは少なからず持っている。だが、イギリスの賃貸住宅には日本の押し入れにあたる大きい作りつけの収納はなく、収納スペースが足りない場合は家具で補うしかない。だからこそ、このような安い家具の需要は減ることがないのだ。

9 客用布団は本当に必要？

床面積の15パーセントが一戸建てに必要な収納面積といわれているが、ある住宅専門誌が読者に、家における不満をアンケートしたところ、大半の人が「収納スペースの不足」を挙げていた。こんな日本には世界に誇る収納、押し入れがあるが、皮肉にも客用布団が占めるスペースは相変わらず大きい。

イギリス人は通常ゲスト用の枕や毛布などの寝具を主寝室のある2階に置き、電車に乗り遅れたり、パーティーの後、飲みすぎて帰れない人など、親しいゲストにはスリーピングバッグで寝てもらうか、毛布と枕を渡してソファーで休んでもらう。だからマットレスも敷き布団もいらない。

部屋数の少ないイギリスの小さな住居のリビングでは、ベッドにもなるソファー（ソファーベッド）を置き、ここをゲストルーム代わりとする。

また、親を招く場合は、主寝室に両親を眠らせ、住人はソファーや床にスリーピングバッグで寝る。通常、主寝室で使われている寝具は、その家の中で最も上等なので、客用高級布団も必要ない。時には子どもたちが祖父母にベッドをゆずり、親のベッドでともに寝るケースもある。自室を差し出すこんな習慣は、イギリスの一般住宅が15

上◆マットレスと布団がなければ、客用枕と毛布はクローゼットの上段にコンパクトに収納できる。

下◆寝具をどこにしまうか頭を悩ませるのは、ある意味ぜいたく。なぜなら、日本の押し入れほど広く大きい収納は、ヨーロッパにはないからだ。日本の大きな押し入れが、日本人を世界一のモノ持ちにしたのだろうか。

坪前後と小さく、ゲストルームを持てないことへの対策なのだ。

こんなことから、イギリスの家では、ゲストのために何組も客用寝具セットを用意しないのだ。

もう一つ、イギリスの住宅では、冬はセントラルヒーティングが効いているので、特別に厚いかけ布団はいらない。枕とシーツ、軽い毛布があれば十分なのだ。

日本の押し入れに詰め込まれた客用布団。これこそスペースのムダであり、いつ泊まりにくるかもしれないゲストのために、これだけの収納スペースを割《さ》くことはナンセンスではないか。

ふだん、自分たちが使うお気に入りのベッドを客に提供すれば、たくさんの押し入れはいらないかもしれない。

第4章

家の中のモノをキレイにしまう

10 イギリス人に学ぶ小さなモノの収め方

ちょっと気を抜くと、机の上、洗面台周辺はすぐに散らかり、ほこりも溜《た》まっていく。それはなぜかと考えてみると、文具、マニキュア、電池など家の中には限りなく細かいモノがあるためだ。これらは、歯ブラシのように毎日必ず使うわけではないが、必要な時にないと、家中を探し回った末、コンビニに駆け込み、買ってしまう。

問題はモノが多すぎることだ。

イギリスでは通常6カ月ごとに身の回りを点検し、モノをコントロールしようとする。定期的にチェックをして、たんすの肥やしを見つけ、それを捨てれば、よりスペースを有効に活用できる。

かつて、多くの人は細々としたモノを引き出しの中にしまっていたが、近年、モノをたくさん持つ生活が始まると、すべてを引き出しに入れることは不可能となった。

それではどうするか。

ここにもイギリス人ならではの収納の知恵があらわれていた。

グラモフォンボックスといわれる四角い木箱がある。この箱にはレコード針を入れる小引き出しが側面に付いていて、レコード全盛時代の郷愁を漂わせている。人々は

アンティークのシルバートレイを使うと、コスメや香水も美しく見える。

グラモフォンボックスをアンティークショップで購入し、必要のない中の機械をはずし、仕切りを付け、文具を入れたり裁縫箱にするなどして使う。レコード針を入れるための小引き出しには、クリップなどさらに細かいモノを入れる。

古い時代のこのような箱はそれほど高くない。価格は店や年代によって5ポンドから上は数百ポンドまでと、日本円で1000円前後から購入できるのが嬉しい。人々は小さいモノを家の中でなくしたくないので、こういう魅力的な箱を収納に役立てるのだ。

これと同じ発想で、愛煙家がタバコを入れる金のシガレットボックスに、お気に入りの腕時計を入れて箱ごと部屋に飾る。また、シガーが2本入るシルバー製シガーホルダーに、愛用のペンを入れて持ち歩く人もいる。

このようにイギリス人は、外出する際も身の回りのお気に入りを手放さず、独自の収納スタイルで持ち歩く。ここからわかるのは、イギリス人はたくさんのモノを持っていても、それらをもともと入っていた箱にではなく、別なモノに入れて愛用する習慣だ。

イギリス人はこれらの小さなモノを、人と会う時も誇らしく見せる。

上◆子ども部屋に一つ、フィギュアを並べるこんな棚があれば、机の上は格段に片づくだろう。

下◆種類の違う電池は、ガラスの大瓶に入れてわかりやすくしよう。

11 見せたくない雑貨は家事室に収納

イギリスの家のキッチンはなぜショールームのように美しく保たれているのだろうかという疑問に、多くの人は「ユーティリティー（家事室）があるからだ」と答える。キッチンに置きたくないモノやオーバーフローした缶詰・調味料などの食品ストックやフリーザー、洗濯機、掃除機などの家電は、すべて家事室に運ばれ、ここに収納される。だが、日本ではこれらのモノがたいていキッチンに集められている。

外国人が散らかった日本のキッチンを見て、「ここはレストランの厨房《ちゅうぼう》のように雑然としている」と驚くのは、キッチンが収納庫になっているからだ。

日本の新築分譲マンションでは、家事コーナーがあるかどうかで成約率がだんぜん違うと聞いた。システムキッチンの中に組み込まれたカウンターテーブルで家計簿をつけ、手紙も書けますといわれ、モデルルームでうっとりした記憶がある。けれど、それは書斎に近く、家電などを置く収納スペースはさほど広くとられていない。

設計段階からシステムキッチンに組み込まれた家事コーナーは、キッチンの一部であって、部屋としての独立性はなく、自由自在に余分なモノを収納できないのだ。

日本人よりモノを溜《た》め込まないとされるイギリス人は、従来、何かを余分に買い置

上右◆子ども部屋をモニターで見ながら仕事ができる家事室。最近はテレビやパソコンを置くケースも増えている。
上左◆ユーティリティーが女性のワークショップである理由がわかる。モノが出しやすいよう収められている。

下右◆大量の野菜、大箱入りのチョコレート、大瓶のマスタードなど、大きなモノは家事室に収納され、必要な分だけ小分けしてキッチンに並べられる。
下左◆ほとんどの家では予備の冷凍庫が家事室かガレージに置いてある。スーパーでは⅓が冷凍食品といわれるこの国で、安価な冷凍食品は人々に愛されている。

きするストックという発想を持たなかった。だが、最近では大型スーパーを中心に「バイワン、バイフリー」という、一つ買えば一つおまけが付くセット販売システムが広がっているため、必然的にモノが増えている。シャンプー、ボディーソープなどがその最たるもので、1本だけほしいのに2本買うともう1本付くからと、ついストックを持ってしまう。

また、イギリスでは少子化に伴ってか、洗剤、シャンプーなどの消費財にファミリーサイズが少なくなっている。これらは古い家具やスキーセットと一緒に物置に収納するには不便で、さりとてキッチンやバスルームに置いておくと空間が雑然となるため、家の中の家事室が最も適当な置き場所だと考えられている。こんなことからも家事室は、イギリス人にとって唯一、ゲストに入ってほしくない場所といえるだろう。ここは収納庫であり、洗濯室であり、アイロンがけスペースでもある。

もともとユーティリティーという言葉には「使う部屋」という意味がある。イギリス人男性は屋根裏部屋のわずかなスペースを隠れ家的な書斎として楽しみ、女性は家事室を作業場兼収納庫としてフル活用する。

見せたくないモノを家事室に集めると、キッチンという表舞台をつねにキレイに保つことができ、散らかるというストレスがなくなるのもいい点だ。

12

工具をオブジェのように飾るイギリスの感覚

劇場の舞台デザイナーを務めるイギリス人男性の家で、魅力的な工具箱を見つけた。それは裏庭に続くドアの近くの壁にかけてあった。ダラムのアンティークマーケットでこの壁かけ式キャビネットを見つけた彼は、即座にそれまで収集していた年代ものの工具をこのキャビネットにしまおうと思ったそうだ。

上◆魅力的な壁かけ式キャビネットは、古い工具を収納するために取りつけられた。

下◆〝ユーザブルアート〟と呼ばれる古道具、古時計、年代ものの自転車や車まで、飾って、見せて、そして時には使いこなすことがイギリスの人々の楽しみなのだ。

通常、私たちの感覚では工具箱は隠されるべきモノとなっている。この常識を破って古美術品のように、美しいケースに入れて飾るのがイギリス式なのだ。

「日常的に使う道具はなくさないよう、魅力的な箱に入れてきた。どんなモノにも定位置を決め、使ったら必ずそこに戻す。これが小さなモノを収納するポイントなのだ」

そんな彼の話に、一年に数回しか使わない金槌《かなづち》やペンチを、しょっちゅう「どこにいった」と探す自分を省みた。

工具にちなんでもう一つ。イギリス人の家にはシェッドといわれる倉庫が裏庭に設置してあるが、そこには通常、夫の趣味にまつわる道具が収められている。工具はその代表だ。

夫らは倉庫の壁2面に金槌やのこぎりを「ぶら下げ収納」する。その際、工具をかたどった絵を壁に描いているのだ。これは、使った工具を間違うことなく同じ場所に戻すためといわれている。

すでに紹介したように、アンティークショップで美しいケースを見つけ、お気に入りの道具を美しく収める習慣はイギリスではめずらしくない。例えば年代もののガーデニングツールやお菓子の抜き型など、たまに使うモノでも宝物のように大切にしたい道具を、彼らは見せて保管する。

アメリカ人ほど大きな倉庫を持っていないイギリス人にとって、もともとあったモノを同じ場所に戻すこと、そして時には標本のように箱やケースに入れて見せることはとても大切な行為なのだ。

高度経済成長の波が人々の暮らしに及んだ60年代、日本の理想的な生活の手本はアメリカにあった。椅子に座り、テーブルでとる食事。輝くステンレス製流し台、プレハブ住宅、新しい家電など工業化が進んだ。現在、私たちの家の中にある小さな道具の数々はこの時期に出そろったのだ。

そして70年代に日常の生活用具はデザイン化され、小型化が進み、人と違うモノを誰もかれもが持ちたいと願った。この流れは80年代にモノを氾濫《はんらん》させ、おびただしい商品が家の戸棚や押し入れを占領していくことにつながる。

ところが、プラスチック製品も自家用車も使い捨てとはいうものの、実際に捨てるのは容易なことではない。

アメリカ人は気に入ったらとにかく何でも買い、気に入らなければ捨てようとするが、イギリス人は、気に入っても気に入らなくても、いつまでもモノをとっておく習慣があると聞いた。これは単なる節約主義ではなく、めったに使わないモノでさえ、見せ方いかんによっては、インテリアの一部になりうることを彼らは知っていたからではないだろうか。

13 見た目にも美しい小引き出しでキレイにまとめる

イギリス人はダイニングルームや寝室、リビングで小さな引き出しを活用する習慣がある。

例えば、引き出しに裁縫道具の小さな針、糸、ボタンなどを収納し、それをキッチンに置いておくと、料理の合間をぬって手仕事に取りかかるとき便利だ。

また、寝室ではアクセサリーや香水の収納場所としても重宝する。ある家では、バスルームにあるサイドテーブルの上に小引き出しを置いて、シャンプー、薬の入った小瓶など、転倒しやすく中身のこぼれやすいモノを引き出しの中に立てて収納していた。こうすれば引き出しを開けるだけで、どこに何があるかが一目瞭然だ。これこそ奥に何があるか見えづらく、使いづらい鏡付きキャビネットの欠点を逆転させるアイディアだ。

アンティークショップやチャリティーショップにある、このような小引き出しは、かつて会計士や弁護士が書類を分類するため使っていた事務用品だった。今やあらゆるデータはパソコンに入っているため、このような小引き出しは必要なくなったのだ。その結果、オフィスの事務用品はこの40年間で徐々にメタリック製に替わり、それまでの木製のものは必要とされなくなってしまった。

作りが細かく、デザインが美しいにもかかわらず、古い小引き出しが安価なのは時代の流れなのか。

今、かつての書類入れは、イギリス人のあふれるモノを見事に整理している。

考えてみるとイギリスの収納が魅力的なのは、彼らが古い道具を活用し、インテリアを楽しんでいるからだ。日本にも明治・大正時代に使われた小引き出しは数多く残っている。こんなロマンと郷愁を感じさせる古い家具を、もっとインテリアに活用すべきだと在日イギリス人はいう。

想像してみてほしい。もし、日常使いの細々とした道具がテーブルや棚の上に散乱していたら、部屋はとめどもなく汚れていくだろう。

上◆庭に面したコンサバトリー（温室）に置かれた小引き出し付きキャビネット。

下◆中には木片や金槌、ペンチなどの工具を入れ、DIYに役立てていた。イギリス人が小引き出しを使うのは、奥のモノが取り出しやすく、見た目にも散らかって見えないからだ。

上◆小さなモノを収納する時、深い引き出しでは使いづらい。今や骨董品としても人気の、弁護士・会計事務所で使われていた小引き出し。

下◆浅い引き出しは、画材を整理するのにも便利。デザイナー宅で。

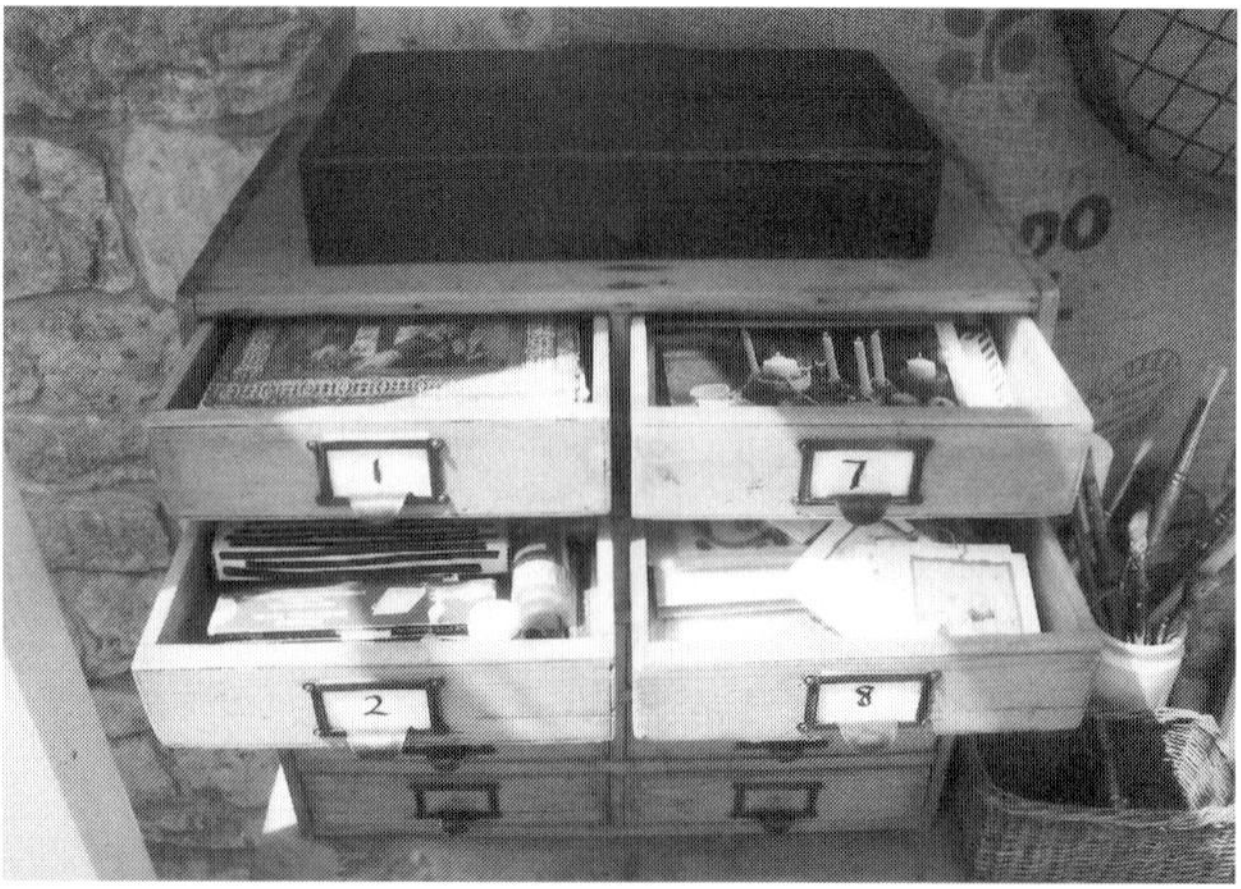

第5章

子ども部屋とおもちゃ

14 おもちゃや子どもの宝物は、箱式収納がベスト

イギリスでは新生児の時から、子どもは両親とは別に子ども部屋で寝かされる。18歳になり、家を出るまでの間、子ども部屋は単なる「勉強部屋」や「遊び場」ではなく、子どもが自己管理をする空間となっていくのだ。こんな子ども部屋を「この世で最も難しいワンルームの住まい」といったイギリス人がいた。おもちゃ、衣類、絵本、ベッドなど、すべてが小さな部屋に押し込められているからだ。

こんなたくさんのモノが散乱する子ども部屋を、彼らは箱で整理整頓していく。なぜ、箱式収納が子ども部屋にとってベストなのか。

例えば、子どもの持ち物を引き出しにしまうと、モノを探すのに子どもたちは大変苦労し、やがてあきらめ、なくしグセがつく。いつも性急に動き回る子どもたちにとって、棚や引き出しにしまわれたおもちゃや絵本は見つけづらく、片づけもかなり難しい作業になる。しかも、子どもたちは服をいかに整理するかより、自分のおもちゃがどこにあるかに関心がある。

「日本で子どものいる家は、玄関を開けるとすぐにわかる」と、在日イギリス人は口をそろえる。玄関から廊下、応接間にいたるまで点々と子どものおもちゃや絵本が出

それぞれの箱の中に人形、ブロックなど種類の違うおもちゃを入れると、子どもが片づけやすい。

上◆オーク材を使った堅牢で職人技の効いた木箱。中にはジャンパー、シューズカバーなど、冬用の子ども服が収められていた。アンティークショップでも人気の一品。

下◆子ども専用の衣装箱を子ども部屋に置かないのは、遊んだ後、子どもがきちんと片づけたかどうか親がチェックするためだ。

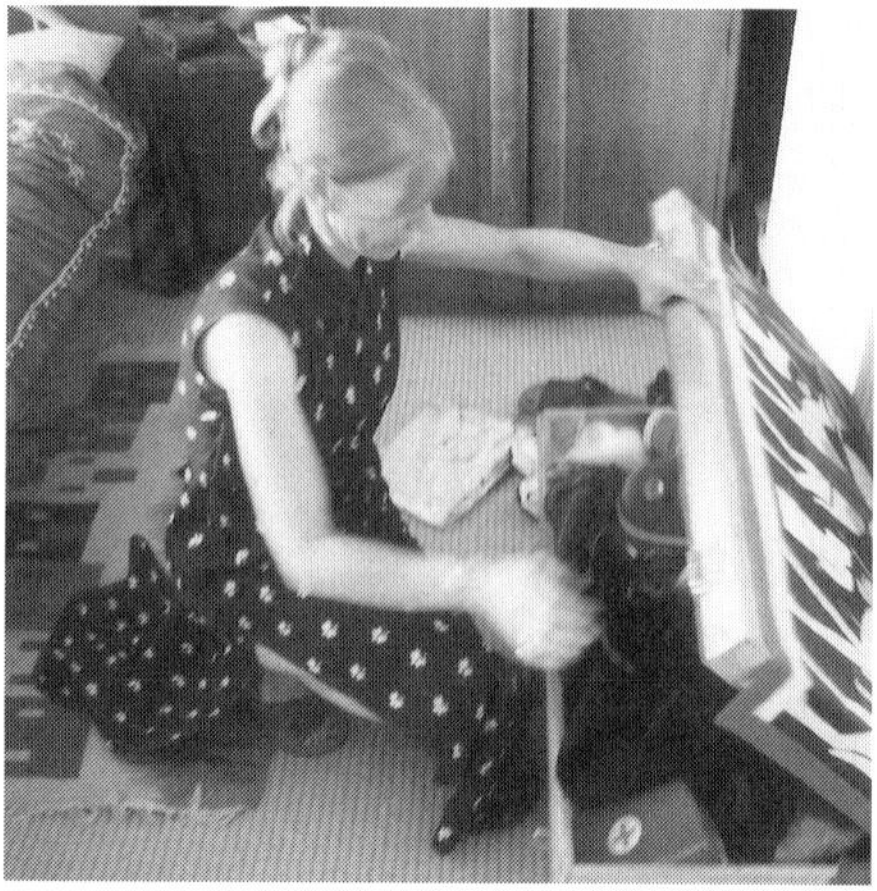

上◆〝オールド・シアター・コスチュームボックス〟と呼ばれる、舞台で使う衣装を入れていた木箱。山のようなキャストの衣装を分けるため、番号が型押ししてある。

下◆親の寝室に置かれた子どもが変装するための衣装箱には、仮面やハロウィンのマント、魔法の杖などが収められていた。

しっ放しになっているからだ。また、子ども部屋を見ても、総じておもちゃはビデオゲームや漫画、服などとともに散乱している。

イギリスの子どもたちは箱を活用するため、そこに入れるだけで整理整頓が完了する。遊びにいっても、まるで子どもがいない家のように感じるのはそのせいだ。こんなことから箱式収納はしつけにもよいと考えられている。何より重要なのは、出したモノを入れさえすればいいので、とても簡単であるということだ。

「一人っ子時代」「ノーキッズ」と、つい子どもが珍重されがちな現代。こんな収納法を「よし」とする背景には、片づけも含め、生活シーンもあくまで子どもに責任を取らせるイギリス人の教育観があった。

第6章

壁・床という平面を使った見せる収納

15 クリスマスカード、絵ハガキは飾りながら保管

イギリス人は、クリスマスカード、バースデイカード、グリーティングカードを受け取ったら、引き出しにしまい込まず、飾って保管する。

そもそもこんなカードは、絵画やポスター同様、人に見せるため作られたものだといわれている。表部分にアイキャッチとなる美しい絵や写真が印刷されているのはそのためだ。

イギリスで初めてクリスマスカードが郵送されるようになったのは、1840年代のビクトリアン時代といわれている。ビクトリア女王の夫君であった、プリンス・アルバートがクリスマスツリーを王室に持ち込み、その後クリスマスカードも普及した。

かつて、イギリスの室内は窓が小さく、壁紙の色も暗かった。人々はこれらのカードを、暗くなりがちな冬の室内にカラフルな色を添え、デコラティブな味を出すために飾ったといわれる。

日本では年賀状、カードの類《たぐい》は受け取った後、即、しまい込んでしまう。通りや家の外観をしめ縄などで飾る習慣はあるものの、家の中を飾る習慣そのものがないためだ。

上◆スコットランド・インバネス郊外に建つ小さな農家でも、飾って見せる習慣は健在だった。

下◆2寝室の家は、小さなリビングの棚すべてにクリスマスカードを並べ、大勢の友人、知人がいることを示していた。

典型的なカードの飾り方は、コットンのロープをリビングの端から端まで渡し、そこに開いたカードをかけていく方法だ。また天井や壁には緑、赤といったクリスマスカラーのテープを下げ、そこに送られてきたカードを両面テープで留めつけていくスタイルも人気が高い。家を訪れたゲストはカードのデザインを楽しみつつカードを開き、中のメッセージを読むことができる。

イギリスの人々はこれと同様に海外からの絵ハガキや写真、時には折り紙も見せて飾っている。

日本人からプレゼントされた鶴などの折り紙を、インテリアやファッションに活用するセンス。小さな折り紙で折った鶴や風船に透明のマニキュアを塗り、フックを付けてピアスにしている人もたびたび見かけた。またある家庭では、ホームステイしていた日本人学生が折った鶴をすべて梁《はり》に留めつけ、楽しげな空間を作り出していた。

このようなカードを飾る習慣は家庭ばかりではなく、病室にも見られる。

イギリス人は病院でも、お見舞いに送られてきたカードをベッドサイドのキャビネットの上に飾る。時には看護師が患者の代わりに、届いたカードを飾ることもある。こうすると受け取った本人ばかりでなく、どんな高価な絵画にも劣らない温かさ、わが家のような心地よさが病室に広がるからだ。

上右◆暗い屋根裏部屋の梁に、日本人からもらったという折り紙を張った一例。
上左◆暖炉周りのクリスマスカード。子どものいない家庭では、飾りつけも控え目になるといわれている。

下◆昔のイギリスのリビングを思わせる〝ストリング・オブ・カード〟スタイル。今ではなかなか売っていない、あひるや星の飾りはクリスマスが終わるとほこりを払い、来年に備えて屋根裏に片づけられる。

16 気に入った皿を絵のように飾って楽しむ

海外旅行する際、日本人はチョコレートなどお菓子をお土産に買うが、イギリス人は小さなカップ、皿、置物などオーナメントといわれる記念品を買う。これらを収集して自分の家を飾るのだ。

ある女性は海外に出るたび、ふくろうの置物を買い続けていた。それらはリビングの棚や窓枠に飾られていた。また、株の売買に駆けずり回る証券マンは出張で外国に行くたび、赤いクリスタルグラスを買うことが習慣となっていた。このようなコレクションを趣味にするイギリス人はとても多い。それはイギリスの家の壁面が日本より広いからだといわれている。

伝統的な日本の家は障子やふすまが多い。例えば、二つの和室を日本がふすまで仕切るのに対し、イギリスは壁で仕切る。そのうえイギリスの古い家は窓が小さいので、広々とした壁に家具を置いたり絵を飾ることができる。

また、家の形状に凸凹が多いため、室内は狭い階段、出っ張った窓枠、梁《はり》などいたるところに段差がある。このような家の造りと、イギリス人がオーナメントを収集する趣味は切り離せない。こんなイギリスの家で、細々とした置物を並べ、所狭しと皿

上◆手描きの絵皿や、アンティークショップで見つけた1枚だけの皿を壁に飾るのは、コテージに暮らす住人の特権かもしれない。地震のほとんどないイギリスでは、皿を壁に留めつける特別なフレームまで食器店で売られている。皿のデザインは全部バラバラだが、家の雰囲気にマッチしているためバラけて見えない。

下◆高温多湿のせいか、イギリスに比べ日本では銀製品は黒ずむのが早いといわれる。イギリスで銀製品を見せて収納するスタイルが定着しているのは、ほこりが少ないうえ、これらを頻繁に磨く必要がないからだ。写真はリビングのサイドテーブルに並べられた、銀製のペーパーナイフやシガレットボックス。

や絵をかけてある様子を見るたび、掃除が面倒ではないのかと心配する。

数年前、イギリスの古い住宅に興味を持つ日本の人々を、イギリスの一般家庭十数軒に案内した時のことだ。見学し終わって、どの家が最も気に入ったかと尋ねたところ、意外なことに日本の家に最も近い新築の英国住宅に人気が集まった。その理由は、「家の中がスッキリしていて掃除がいちばん楽そうだから」とのこと。

築400年以上経つというわら葺き屋根の古いコテージを訪れた時には、英国の田園を象徴するような魅力的な外観に参加者から歓声が上がった。だが、時間をかけて世界中から収集した民芸品やアンティークで飾られた室内を見学した後、「見る分にはいいけど、実際住むとなったらどうかしら」という感想が続出した。

これに関連して、興味深い話がある。一般的にイギリスの室内は日本ほどほこりが溜《た》まらないというのだ。その理由としては一日何度も雨が降り、日本より家の周辺に草木が多いため、ほこりが発生しにくく、セントラルヒーティングの完備によって、窓を閉めきっていることなどが挙げられる。あるイギリス人は日本に来るまで、室内置きの観葉植物の葉に付いたほこりを取ったことがなかったそうだ。

そもそも石で造られているイギリスの古い家を購入した人々は、リフォームの際も趣ある壁を壊したくないという思いが強い。そこで断熱工事をする際、外壁と内壁の間の空洞部分にムースのようにフワフワした発泡剤（polystyrene）を注入する。この発泡剤はどんなすき間にも入り込み、時間とともに固まって最後は発泡スチロールのような素材となる。これがイギリスで一般的に行われる断熱工法なのだ。

　日本はガラスを細かくしたグラスファイバーが断熱材としてよく使われているが、これがほこりの原因ではないかともいわれている。

　築100年以上も経過した古い家は、一見掃除が大変そうだが、住環境や家の造りでほこりの量は違ってくるのだ。

　イギリス人は美しいマナーハウスを見て「ここに住みたい」といい、日本人は「掃除が大変そう」とため息をつく。

　飾り戸棚、暖炉の枠にほどこされた凹凸の装飾。イギリスの古い家には、「掃除しやすい」を優先させると、大変そうなものばかりがある。だが、ホームリーで居心地のいい家が、最もいいと考えるイギリス人にとって、少しずつコレクションしたものを公然と並べることは最高の収納法だった。

17 子どもが安心して眠れるベッド周りの収納法

興味深い子ども部屋を見つけた。暖炉の前にグリーンのマットが敷かれ、その上にぬいぐるみや人形が並べられている。遊んだらこのマットの上におもちゃを戻すという、親子の約束がうかがえるこのスタイルは、とてもシンプルで箱型収納に匹敵するほど簡単だ。

だがそれ以上に興味深いのは、暖炉の周りにこれだけのぬいぐるみが並べられているということである。イギリスで暖炉といえばサンタクロースの出入り口、マジカルドアといわれ、子どもにとっては別世界への入り口なのだ。その周辺に夜怖くないようにと人形を並べている点が興味深い。

幼い子どもたちは夜になると、部屋の中に何かがうごめいているように感じるものだ。一人暮らしを始めたばかりの若者でさえ、ベッドの下に誰かが潜んでいるのではないかと、怖く感じる。まして幼い子どもたちにとって、床に放置されたボールや、たんすの半開きのドアが、不気味な幽霊のように感じることを大人たちは忘れてしまっている。

ところで医者は、小児喘息になった子どもの親に「体によくないからおもちゃをべ

緑色のマットを床に敷くことで、おもちゃをはみ出すことなく並べることができる。母親自らが壁に描いた黒猫も床のおもちゃと同化し、夢の世界を作り出している。

ッドの近くに置かないように」という。確かにおもちゃに付着したダニやほこりは問題だが、ベッド周りにお気に入りのぬいぐるみやおもちゃを置くのは、子どもが怖がらず安心して眠るためであることを覚えていたい。

そもそもイギリスでは、おもちゃは子ども部屋をかわいく見せる小道具と考えられている。例えば、アメリカからやって来たテディーベアは家族の一員とまでいわれ、その他多くのおもちゃとは別格扱いで、つねに抱きしめられるよう枕元やチェストの上に飾ってある。これはおもちゃが、ガラクタ扱いされる日本とは違う。

イギリスの子ども部屋がよりファンタジックにおもちゃを飾るように収納しているのは、おもちゃが怖くない子ども部屋を作るアイテムだと思われているからだ。

その背景には、新生児の時から親と別々に寝る、個人主義にのっとった教育観があった。

第7章

家のどこに
どんな収納棚を作るか

18 冷蔵庫いらずの涼しい食品収納場所を探そう

クローゼット同様、冷蔵庫の中はたくさんの食品が詰め込まれている。とくに共稼ぎ世帯が増えた日本では、食品のまとめ買いは常識となり、週末には食品がぎっしりで、冷蔵庫の冷えも一段と悪くなる。ひしめく缶ビール、パックジュースなど、冷蔵庫は気づかないうちに食品の収納庫代わりになっている。

もっと他に食品を安全に保存する方法はないのだろうか。

イギリスの北部、ランカシャー地方に建つ石造りのホリデーコテージには冷蔵庫がなかった。ベッドルームが4部屋のこぢんまりした建物の、ゴツゴツした外壁は雨風ですっかり風化し、設備らしきものはガスコンロくらいだった。日本の別荘にあたるこのコテージに、ともに宿泊したイギリス人らは、近くのマーケットで肉や野菜を買い込んで来る。冷蔵庫もないのにどうするのか見ていると、階段下のデッドスペースにある大理石の台に、買ってきた食品をただ置くだけ。その台のあるリビングは家の北側の大変涼しい場所にあった。

「肉を冷蔵庫に入れると味が落ちるからこれは好都合だ」と、イギリス人らはこの冷蔵庫に代わる冷たい台を1週間の休暇中フル活用していた。チーズやヨーグルトなど

上右◆ラダー(ladder)もしくはパントリー(pantry)と呼ばれる棚は、キッチンの北裏の壁に作られ、食品貯蔵庫として使われる。築400年の農家で。
上左◆ダイニングルームの壁に作られた棚は、高級ワインの収納庫に使われていた。

下右◆17世紀半ばに作られたオーク材のパントリー。風通しをよくするためスラットの扉を取りつけ、棚の奥にも屋外に通じる通気口が設けられていた。これも貯蔵した食品を新鮮に保つ工夫だ。
下左◆18世紀のコテージでは天井の梁のすき間に肉やハーブを吊るし、暖炉の火でいぶしてベーコンを作っていた。暖炉に向かって左手のベンチは座板をずらすとベッドに変わる。家電、家具が少ない家には、暮らしの知恵が息づいていた。

の乳製品もこの台に置いておくだけで腐らない。

冷蔵庫がなかった時代、石造りの家では、直射日光のあたらない北側の壁や階段下に取りつけられた棚や台は、食品貯蔵庫として日常的に使われていたという。石の厚みが外気の熱を吸収し、つねに室内を涼しく保つからだ。これは日本の珪藻土《けいそうど》にも通じる自然素材の働きなのだ。

先頃、戦前建築された日本の木造家屋を購入した在日イギリス人は、東京に建つ住宅にも涼しい場所があり、そこは冷蔵庫代わりになるのだと話していた。彼は秋から春先にかけて家の北側にある風呂場にタイル張りの棚を取りつけ、食品貯蔵庫として利用していた。

「とくに客がひっきりなしにわが家にやって来るクリスマスには、肉屋で買った30人分の七面鳥、ワイン、シャンパン、缶ビール、野菜のストックなどを氷のような冬場のバスルームに置いておくんだ。冷たいタイルの棚に食べ物や飲み物を置いておくだけで十分冷えるから」

彼は冷蔵庫をもう一つ購入する代わりに、タイルの棚を作ったのだ。

かつて、多くの日本人は床下の食品貯蔵庫で、ぬか漬けや味噌を作っていた。冷蔵庫だけが食品貯蔵庫ではない。温暖化が進む今でも、家の中に冷暗所を見つけることで、冷蔵庫の中はさらにスッキリと片づくはずだ。

19 放り込むだけの階段下収納の利点

家のどこに作りつけの収納庫を作るか。家を建てたり改造する場合、皆、頭を抱え込む。

そこで参考にしたいのが、イギリスで大変重宝がられている階段下収納だ。親戚の家に同居していたハリー・ポッターが、この階段下収納庫で寝起きする場面が映画に出てくる。階段下収納は個室にもなり得るのだ。

もともと古い家の階段下は、壁もドアもないデッドスペースになっている。そこを仕切り、ドアを付けて収納庫にするのだが、ドアを付ける場所によっては、使い勝手が大きく変わってくる。あるイギリス人は階段の裏にあたるキッチン側に扉を付けたところ、間口が広がったと喜んでいた。彼は大型フリーザーを階段下に入れ、料理中必要な食品をいつでもキッチンから取り出していた。

そもそも、イギリスの家の中で階段下収納は、アイロン台や掃除機、スキー用具など高さのあるモノをしまうのに重宝されている。玄関近くにあるので、外から帰ってきて2階まで重い荷物を持ち運ぶ必要もない、家の中の最も便利な収納場所なのだ。

また、扉の内側にフックを付ければ、レインコートなどもかけられ、玄関周りもスッ

上右◆新築戸建ての家でも階段下収納は、販売のポイントになっていた。
上左◆現代のイギリス住宅は、階段下に収納かトイレを作っている。

下右◆階段下収納は、イギリスでは屋根裏部屋に次ぐ広い収納スペース。
下左◆古い家の階段下はもともとオープンスペースだったが、今は掃除機やアウトドアグッズをしまう場所となった。

キリ見える。

ところで、イギリスの古い家にはデッドスペースが大変多いといわれる。購入後、人々は図面を片手に家中の壁をあちこちたたき、空洞のある場所を確かめる。時には、大工とともに設計図を見ながらチェックをして、わずかな空きスペースを見つけたら壁の向こうに何ができるのかを検討する。これも家を購入する大きな楽しみなのだ。

そんな彼らが最も活用する空間が階段下である。

そもそも、毎日の生活で実際に使われているモノは持ち物の1割、残りの9割は持っていることすら忘れてしまっているといわれる。これは収納スペースにも同じことがいえる。

押し入れの奥に押し込まれた引き出し収納や、天井近くの高い位置にある吊《つ》り戸棚は使いづらいうえ、いつしか記憶から消えてしまう。その結果、せっかくの収納スペースでありながら、永遠のデッドスペースとなってしまうのだ。

玄関そばにあり、ドアを開けると何でも放り込める階段下収納は、しまうことも出すこともとても簡単で入れるモノを選ばない。こんな使い勝手のいい階段下収納庫を私たちは見落としてはいないだろうか。

ちなみに日本の古民家を訪ねると、階段そのものがたんすになっている魅力的な家具を見かける。階段下スペースというのは、日本でもムダなく使われてきたのだ。

20 家のデッドスペースを見つけることが先決

イギリスの古い家には普通、たくさんのデッドスペースを利用して作られた小さな収納庫がある。コッツウォルズ地方のコテージで見つけた鍵付きの棚は、重要な書類を保管するための特別な場所になっていた。この小さな収納庫は、18世紀に始まったといわれる食事を地下から2階に上げるための小さなホームエレベーター、ダムウェイター（dumb waiter）が通る空洞を利用したものだった。

また、ある家では壁にあるくぼみに、ギャラリーのように古い牛乳瓶、ジャムジャーなどガラスの瓶類を並べていた。これは「こぢんまりした場所」という意味のカビーホール（cubby hole）と呼ばれる棚だった。こんなデッドスペースから生まれた収納棚を、住人は誇りを持って使おうとする。

中でも見逃せないのが屋根裏の空間だ。イギリスの屋根は勾配が急で、人が立てないほど低い部分は屋根裏収納庫に作り替える。ただし、屋根裏には、ウォータータンクが設置されているため、いびつな形の部屋ができ上がるが、古い家にある空洞を宝物を見つけるように探し回る彼らにとって、家中のデッドスペースは使いたい放題なのだ。

「日本人は収納スペースが足りないといいながら、デッドスペースを使っていないのではないか」八ケ岳に友人が建てた家を訪ねたイギリス人は、こんな感想を語った。
その家はイギリスの古いファームハウスのように屋根の勾配が急で、その裏を利用す

上◆コッツウォルズ地方で見つけた、通称〝リタイヤメントコテージ〟と呼ばれる築300年の家。

下◆小さな扉の奥にはダムウェイターという、料理を運ぶエレベーターがかつて通っていた。

ればこ屋根裏部屋が作れる。これが彼の第一印象だった。
このイギリス人は、2階にあるバスルームの壁や低い天井をノックし、音を確認するうち、天井裏から外側に向けてかなり広い空洞があることを突き止めた。改装すればここにスペアルームができると教える彼に、日本人の友人は個室より収納庫を作りたいといった。毎週末、来客が東京からやって来るため、寝具からビールまであふれたモノをここに押し込めば、各部屋に布団を敷くスペースもできる。それを聞いたイギリス人は、ならばこの部屋をゲストルーム兼収納部屋にすべきだと提案。二人は地元の大工さんに10万円少々で改装を依頼した。

上◆屋根裏に作られた約6畳のバスルームには、屋根裏収納庫に続くドアがすべての壁にあった。

下◆ドアの向こうには家具も入るほどの深い奥行きがある。

上◆1650年代に建てられた農家。屋根には改装後に付けられた小窓がある。こんな屋根の勾配を生かし、ベッドルームや収納を作り出すのも家を持つ楽しみなのだ。この家には20の秘密収納があった。

下◆ドアそのものが芸術品となっている、ビルトインの小さな収納棚。

八ケ岳の冬はとても寒い。こうして作り上げたスペアルームは、下の浴室の湯気でつねに暖かく、壁に作りつけた棚に寝具をしまい、ゲストルームとして使わない時は、収納庫としても役立つということだ。

バスルームの天井が普通より低いと感じたことがきっかけで、設計図面を見ながら屋根の高さからバスルームの天井の高さを引き算した。その結果、屋根裏に高さ2メートル近い、使える空間があることがわかったという。

このようにどんな家も屋根の勾配や壁の厚みをたんねんに調べ、そこを利用すれば、思わぬ収納スペースを作り出すことはできるのだ。

上◆バスルームのデッドスペースに木のパネルを張り、中を棚とした主の手作り収納棚。

下◆元ダムウェイターを棚にした例。部屋に置きたくないモノが入っている。

チェルトナムの民家で見つけたカビーホールには、古い薬の瓶、ミルクボトルがアート作品のように飾られていた。

荒廃した小農家の切り妻壁に作られた石の棚。厚い石壁のビルトイン格納庫のような小さな棚は、イギリスの島々の大部分で食納庫として冷蔵庫代わりに活用されていた。

第8章

地下室と屋根裏部屋の活用法

21 イギリスでは価値ある地下室、屋根裏部屋

多くのイギリス人は、なぜ日本の家に地下室がないのだろうかと首をかしげる。もちろん、工事の費用はバカにならない。しかし、年中涼しい地下室は収納庫になり、防音室にもなる。

イギリスでは、通常大きな家ほど広い地下室がある。またロンドンなどの都市部ではセミベースメントと呼ばれる半地下室が設けられ、そこには窓もあるため立派な個室としても機能している。

その昔、大きな家で執事の部屋となっていた地下室、セミベースメントを貯蔵庫として活用するケースも多い。夏は涼しく、冬も適温を保つこの空間は、ワイン、ピクルスなどの保存食、缶詰類など食べ物を貯蔵するにはうってつけの場所だ。

また、日本でも20年前から建売住宅には屋根裏部屋が設計されるようになった。だが、そのスタイルはイギリスの邸宅とは違う。イギリスでは大きな家になると、屋根裏部屋にも固定階段に普通の部屋のような立派なドアがあり、不要な家具、絵画、ウエディングドレスなど、大物の不要品までが保管できるようになっている。

ところで約40年前まではイギリスでも屋根裏は、日本と同じようにそれほど活用さ

上左◆地下室に続く階段は大型家具の移動が簡単にできる広さ。かつて地下室にはファーネス(furnace)と呼ばれる大型ストーブがあり、家中を暖める拠点だった。そのため、石炭を地下室まで運べる広い階段が必要だったのだ。

上右◆この家の地下室は中央に大きめのテーブルが置かれ、その上にキッチン用品や食品が並んでいた。床が石材のため、室内温度は年中クールに保たれている。

下◆この屋根裏部屋は、はしごを上ると瞑想ルーム兼ゲストルームになっていた。人が立てない隅の部分には箱に詰められた不要品が収納されている。イギリスの天井裏は日本に比べて上がりやすく、改良もしやすいといわれている。

上左◆おそらく以前は、天井の上すべてが屋根裏部屋だったであろう古い家。今では一部をオープンスペースにしていた。
上左◆一部をオープンスペースにした結果、屋根裏収納ができ、今では家具やスーツケースを収納している。

下右◆イギリスではこの30年間で屋根裏がブームとなり、ロフト・フォールド・アウェイ・ステアと呼ばれる取りつけ式はしごもホームセンターでよく売れている。
下左◆シェッドと呼ばれる屋外用倉庫。アウトドア用品、自転車、ガーデニング用品など汚れたモノ、家の中に置きたくないモノも安心して収納できる。

れていなかった。なぜなら屋根裏への入り口は小さく、わざわざモノを持って上がっていくほどの価値がないと思われ、実際、それまでは屋根裏に上がるのは電気工事の職人ぐらいのものだったからだ。

しかも屋根裏の床板は粗雑で、転ぶと階下に落ちてしまう危険もあった。屋根裏を使い始めるには、はしごをかけ、電気を通し、買ってきたフロアーボードを構造体の上に留めつけ、完璧な床や壁を作る必要があった。

そんな手間をかけてでも屋根裏を活用するようになったのは、40年前に比べ、イギリス人もモノをたくさん持つようになり、収納スペースが必要になったということだ。

日本では6畳ほどの地下室を作るにも400万円前後と高額で、大手ハウスメーカーでは営業マンも地下室への関心は低い。だが、イギリスでは部屋として使える地下室や屋根裏部屋を作ることで、売却する時に高い値で売れる。

この二つの部屋があるかないかで、家の資産価値は大きく変わるからだ。

上◆小説家ウォルター・スコット氏(1771-1832)の屋根裏部屋。
イギリスの屋根裏部屋には100年以上も経過した古い家具、衣類、絵も収納されている。何代にもわたり受け継がれた、こんな貴重な品々が放出され、アンティークとなるのだ。

下◆暖炉上の天井高を利用して作られた二つの屋根裏部屋は、夫婦それぞれの衣類を収納するクローゼットとなっていた。

第9章

たくさんの本をインテリアに組み込む

22 イギリス人は愛読書を並べて客に見せる

「読んでいる本こそあなた自身だ」という格言がイギリスにはある。だからこそ人々は自分の読んでいる本を、訪れるゲストに見せたいと思うのだ。

彼らのリビングルームにはたいてい木製の作りつけ本棚があり、その背表紙を見ただけでその人がどのようなタイプかいいあてることができる。

あるイギリス人は、初めて訪れた家では必ず並んだ本の背表紙をながめ、「ここにある本をあなたは全部読んだのですか？」と尋ねるそうだ。なぜならイギリスには自分を賢く見せるために、読んでもいない立派な本をわざわざ並べる人がいるからだ。

ところでイギリスには二つのタイプの本棚があるといわれている。

一つは勉強のための本棚で、それはたいてい、書斎にある。そしてもう一つはリビングルーム、廊下、時には玄関横にまで置かれている本棚だ。来訪者や家族に自分の興味の対象を示すためのこんな本棚は、話題作りの一環になるといわれている。

また中には、コレクションとしての本棚もあり、時にはシェイクスピアの初版本など、革の表紙に金の細工がほどこしてあるなど装丁家の手仕事がかいま見られる。これらはコレクテッドアイテムといわれ、イギリスの古い邸宅や貴族が住むマナーハウ

老紳士のサロン。スタンドの絵は年に数回替える。ゲストはアームチェアに座り、くつろいで好きな本を手にお茶を飲む。

上右◆丸くくりぬかれた壁の向こう、通路の突きあたりに本棚が見える。ゲストの興味をひくポイントだ。
上左◆玄関横に置かれた本棚は主の顔そのもの。書斎なきこの家の知的コーナーとなっていた。

下右◆デザイナーが暮らす仕事場兼住居では、机の高さに合わせた手作りの本棚があった。
下左◆ペーパーバックの高さに合わせて作られた本棚は、隣室にある妻の仕事部屋から聞こえてくる音楽の遮音効果をねらっていた。高さが調整できる取りつけ式可動棚は人気商品。

スから出た大変価値の高い本だ。

日本では自分の読んでいる本を客に見せる習慣はない。アーティストの家にはアート関係の本があり、IT関係であれば、その道専門の本がある。けれど、自分が好きな本をわざわざリビングの本棚に置く習慣はないのだ。

だが、イギリス人は家主のこんな個性をあらわす本の背表紙を、まるでクリスマスカードを飾る感覚で並べる。

本の背表紙とクリスマスカード、あるいは家族の写真を飾ることは、自分自身を紹介するという意味では全く同じツールなのだ。

上◆棚が乱雑に見えないように人々はしばしば本棚の中央にコレクションを飾り、かつ本を並べる縦のラインをそろえた。

下◆18世紀半ば、古典的な建築を十分理解しなかった職人の手で、このようなかわいらしく、おかしな本棚であるトリグリフが作られた。

23 寝る前に読む本は、壁かけ式飾り棚で整理

ベッド周辺は読みかけの雑誌や本が散乱しがちだ。寝る前の読書は人それぞれスタイルが違う。毎晩同じ本を読む人もいれば、数冊の本を並行して楽しむ人もいる。過去に読んだ本を急に読み返したくなり、再びベッドに持ち込むこともあるだろう。

夜寝る前に読む本は、リビングの本棚に収められた本とは別のものだ。

イギリス人の主寝室でたびたび目にするベッドの頭上の壁かけ式飾り棚には、厳選された本が並べられていた。棚には現在進行形で手元に置いておきたい本のみ入れておき、読み終わったらリビングの本棚に移すらしい。

これは実にいいアイディアだ。狭いベッドサイドの台に積み上げておくと、下にある本を取り出すたび上の本が床に落ちたり、他の小物がバラけたりし、わずらわしいことこのうえない。

ベッド周りには、目覚まし時計、めがね、スタンド、ティッシュなど、ただでさえモノが多い。また、リビングルームよりベッドルームに置いたほうがふさわしいと思われるような思い出の写真までが飾られ、うっかりすると乱雑になりがちだ。ベッドタイムをより快適に過ごすために、寝室の本はぜひ簡単に整理できるようにしたい。

上◆200年前に建てられたワンアップ・ワンダウンと呼ばれたコテージ住宅。

下◆この住宅の主寝室の壁に取りつけられたアンティークの棚。毎晩読む本は取り出しやすい下段に並べる。イギリスで販売されているベッドサイド・キャビネットに本棚付きのものが多いのも、ベッドで読書を楽しむ生活習慣のあらわれだ。

ところでイギリス人の寝室ではかつて、ティーズメイド（teasmaid）といわれる、目覚ましがセットされたコーヒーメーカーならぬ紅茶を作る機械を置くことが流行った。これは中に紅茶の葉と水を入れておくだけで、時間になるとお湯が沸騰し、自然と紅茶ができる、多くの人が手に入れたいと夢見た一品だ。

セットすると目覚ましが鳴る5分前に、自動的に紅茶ができ上がる。事前に何杯作りたいかまで設定できるため、夫婦でも起き抜けの紅茶を楽しむことができる。

こんな道具まで常備するイギリスの人々は、ベッド周りを読書やビデオを見てくつろぎ、紅茶を楽しむためのコーナーと考える。

枕元にヘッドボードが取りつけられ、たくさんの枕やクッションが並んでいるのは、ここにもたれてリラックスし、読書を楽しむ時間がどんな書斎で過ごす時間にもかなわないと知っているからだ。ちなみにベッドに並べられた大小さまざまなたくさんのクッションは、寝る時には床におとすそうだ。

イギリス人にとって寝室は寝るだけの場所ではなく、家の中で最もプライベートな時間を楽しむ空間だった。

24 本の遮音効果を生かした収納とは

収納の取材をしていると、本の置き場所に困るという声をよく聞くが、収納された本には、思わぬメリットがある。

例えば騒音や隣室からの音漏れが気になるけれど、今すぐ防音工事に取りかかれない時、本を壁に並べると抜群の遮音効果を発揮する。

また騒々しい通りに面していたり、近くに学校がある家は、壁に本棚を作っておくと、外からの騒音を軽減することができる。

イギリスで有名な二戸一戸建てといわれるセミデタッチトハウスは、両家の境を壁で仕切ってある。住人は中心の壁にそれぞれ本棚を作り、双方の音がそれぞれの住居に漏れないよう本の厚みを利用する。また、ピアノを置いた部屋でも壁に本を並べるだけで、防音効果が高まる。

イギリス人は互いのプライバシーを尊重するため、音に神経を使うのだ。

ニューハンプシャーの村に建つブリック（レンガ）造りのコテージを訪れた時だ。かつて薄暗い食器洗い場だったリビングの壁を、この家のオーナーは白くペイントし、古材の梁《はり》だけが際立つような空間を作り上げていた。

彼もまた隣室との仕切りになっている壁一面に白い本棚を作り、そこにずらりと古書を並べていたのだ。

「考えてみれば、こんな防音はブリックを積み上げたり、工事をするより安い。本の幅がそのまま壁の厚みになるのだからね」

オーナーはそう語りながら、美しい本の背表紙は絵画や高価な装飾品に勝るとも劣らないインテリアの一部になる、と付け加えた。

こんな知恵を私たちはもっと活用すべきではないか。

日本のマンションなど集合住宅では家のどこかにたいてい薄い壁があり、そこに立つと隣家の話し声が聞こえてくる。これでは大変と防音工事の見積を取るものの、住みながらの改装は日常生活を寸断され、わずらわしいことこのうえない。

私たちは読んでしまった本を一体どうすればいいのか頭を悩ませる。だが、もし、大量の本が防音に役立つ素材になると考えるなら、静けさを取り戻してくれるのだから、決してあなどれない。

天井に近い場所に何段かの棚を渡し、本棚を作りつけるなど、最近、イギリスでもより有効にスペースを使うことに関心が高まっている。こんなビルトインファニチャーを部屋の壁2面に取りつけておくと、並べられた本がコーナーを作り出し、視覚的に部屋が広く見える効果があるうえ、隣室への遮音にも一役買ってくれる。

上◆ソファーの両脇に置かれたスピーカーから広がる音は、壁面の本によって吸収される。ボードを渡しただけの本棚は、置き式のものに比べスペースをとらない、と若いカップルに人気がある。

下◆リビングの暖炉の左右に生まれるデッドスペースは、たいてい本棚となる。

上◆キッチンのデッドスペースに作られた料理本が並ぶ本棚。キッチンに静けさを求める主婦が、隣室のピアノ音に耐えきれず取りつけたという。

下◆天井近くに本棚を作りつけることで、腰高の使いやすい位置に机やチェストが置けた。

第10章

トイレ、バスルームを個室のように愛でる理由

25 使い勝手より美観を優先したくつろぎの場

イギリスの家の中で、日本人が最もカルチャーショックを受ける場所が、バスルームとトイレではないだろうか。

バスルームと聞けばお風呂を想像する私たちは、風呂場は掃除しやすい素材、壁、床がいちばんと考える。一方、イギリスのバスルームはカーペット敷きで家具が置かれ、小さな休憩室のようなくつろぎの雰囲気をかもし出している。お気に入りの小物が棚に並び、絵や鏡などがかけられ、バスタオルや石鹸の色までピンク系やブルー系とカラーコーディネイトされている。

こんなイギリスのバスルームやトイレでは、買い置きされたトイレットペーパーをそのままトイレの棚に並べることはしない。サニタリー用品も、美しいガラス器などに入れて、魅力的な置物のように見せている。

ある家庭のトイレには、最新号の雑誌が何冊か入ったマガジンラックが置いてあった。驚いたことに、そのトイレの入り口横に置かれたサイドテーブルの上には、老眼鏡が並べてあり、住人はこの美しいトイレに入る前にここでめがねをかけ、読書に備える仕組みになっていた。

チェルトナム近郊に建つ古いわら葺き屋根のコテージ。もともとトイレは室内ではなく庭先に作られていた。

イギリスを訪れると、使うのが怖いほどキレイなトイレにたびたび遭遇する。また、バスタブに入った際、お湯をカーペットにこぼしたらどうしよう、湿気で置物が傷む前に早く出なければと思わせるバスルームも多い。

リッチモンドパレスの近くの屋敷にあるトイレには、500年以上も前に使われていた便器があった。その便器は当時の画家によって便座カバーにいたるまで、すべてハンドペイントされていた。聞けば、この便器はかつてキング・ヘンリー5世が使っていたものらしい。

壁に扉付きキャビネットがあり、便器横に年代もののランプやガラス容器に入ったポプリが置かれた小さな机があった。また、トイレットペーパー、ハンドタオル、ゲストソープはすべて壁紙と同じラベンダーカラーで統一され、この美観を壊すことのないよう、洗剤やトイレットペーパーのストックはすべて壁かけ式キャビネットの中に収められていた。

イギリス人は「フォーム」が「ファンクション」より大切だといわれる。使い勝手より、いかに美しく見せるかが重要なのだと。トイレやバスルームなど、限られた空間に扉付きキャビネットを作り、日用品をまとめてしまい込むトイレは、あくまでもキッチン同様、美しく見せるべきくつろぎの場所なのだ。

右◆コテージ室内の狭い収納庫はトイレに改装された。梁とマッチする素材で作られた壁かけ式キャビネットの中には、洗剤、トイレットペーパーが入っていた。

左◆イギリスではトイレに本棚を作る家も多い。

夫が自ら改装したバスルーム。床にパイン材を張り、その上にたくさんの観葉植物や小物を置いて、居心地のよい個室らしさを強調している。

第11章

やわらかくて温かいタオル、リネンへのこだわり

26 タオル、リネン専用の棚は温水タンクのそばに

私がイギリスの家の中で、最もうらやましいのが、エアリングキャビネット（airing cabinet）と呼ばれるリネン専用の収納棚だ。

日本ではあまり見られない、温水タンク熱を利用したこの収納庫の最大の魅力は、なんといってもタオル、シーツなどが、ただ置いておくだけで温かくふっくらすることだろう。

そもそもぬれたものを乾かすドライ（dry）と、ふっくらと温めるエアリング（airing）は違う。イギリスでB＆B（民宿）に宿泊するたび、清潔なタオルを手にするとホッとする。パイル目の立ったふかふかのタオルに、わが家のバスタオルと違うくつろぎを感じるからだ。これが太陽の光で布団がふかふかになるエアリング現象なのだ。

イギリスの人々は庭先や乾燥機でタオルやシーツを乾かした後、それらをたたんでエアリングキャビネットにしまい、リネン類を清潔に保つ。エアリングキャビネットの棚は板と板の間にすき間があり、リネンに熱がいきわたるようにしてある。

このエアリングキャビネットは、イギリスの人々が暖炉を使わなくなった時に考案

上◆主寝室にあるシャワールームの一角が貴重なリネン収納庫になっていた。

下右◆シーツ、ピローケース、テーブルクロスなど、使用頻度の高いリネンが棚の中央段に収められている。温水タンクは棚の奥。
下左◆温水タンクの熱気をさえぎらないよう、棚にはすき間をあけて組む。この家ではさらに今後タンクの前に棚を作る予定。

されたといわれる。

　そもそもイギリスの住宅には、暖炉の上にウォータータンクが設置されていた。ウォータータンクの水が暖炉の熱でお湯となる、きわめて簡素な給湯システムだった。そのため、暖炉を使わない夏場はお湯ができず、家庭の主婦はお湯をケトルで沸かし、何度もキッチンとバスタブを往復する大変な思いをしたらしい。イギリス人が1週間に1度しか風呂に入らないといわれてきたのは、暖炉を使わなければお湯ができないシステムだったからだ。

　ところが、１９６０年代の終わり頃からセントラルヒーティングが普及し始め、暖炉の代わりにガスや電気で給湯がスタート。家中のパイプにはお湯が流れ、室内は年中暖かくなったのだ。その結果、ウォータータンクは温水タンクとなり、暖炉のそばから寝室、バスルーム、廊下など、家中の好きな場所に設置できるようになった。この頃から、温かなタンクのそばに棚を作り、その熱を利用したリネン専用の収納棚が定着していったのだ。

　イギリスの、お湯を暖房に利用するこんなセントラルヒーティングは、まだ40年ほどの歴史しかない。家中いたる場所に設置された厚さ10センチほどの波状鉄板は、互いに白いパイプでつながり、大元の温水タンクからパイプを通してこの鉄板に流れ込む熱湯が熱を放ち、家中をやわらかく暖めるのだ。

右◆セントラルヒーティングで、家中のパイプを流れる熱湯を利用したアンティークスタイルのタオルかけ。

左◆ホームセンターで約5000円前後で購入できる電気式のタオルハンガーがあることで、バスルームは冬場も暖かくなる。

セントラルヒーティングが普及する前、冬場のバスルームは凍えるほど寒く、バスタブから出た後、タオルで体をくるみ、暖をとった経験を年配のイギリス人は忘れていない。

イギリスのバスルームでは、ヒーティッドタオルラックと呼ばれる、パイプの部分にお湯が流れている温かいタオルかけを見かける。ただかけておくだけで、短時間で湿ったバスタオルもカラリと乾くのだ。

こんなふっくらと温かく清潔なリネンへのこだわりはまだある。リネンウォーターと呼ばれる、エッセンシャルオイルを抽出した後の香りが凝縮された水だ。これをアイロンがけの際、リネン類にスプレーしたり、エアリングキャビネットの中にポプリを入れるなど、香りまで添えるのだ。

イギリスの冬場は冷たい雨の日が多く、暗くじめじめしている。この憂鬱《ゆううつ》な日々を、かすかに香るハーブやややわらかなリネン類が打ち消してくれる。

ところでエアリングキャビネットのもう一つの楽しみ方があった。一時期、イギリスでは男たちが家庭でワインやビールを造ることに熱中した。その時、麦芽、水、イースト、砂糖、ホップなどの入った容器を早く発酵させるため、このクローゼットを使っていたという。それに気づいた妻が激怒した話もしばしば耳にした。だが、このキャビネットの中はつねに温かいため、自家製ビールも瞬《また》く間にでき上がるのだ。

第12章

あらゆるものを収納する不思議なイギリスの家具

27 イギリス人が愛する美しいチェスト・オブ・ドローズ

収納家具の中でもイギリス人が最もエレガントだと考えるのが、チェスト・オブ・ドローズ（chest of drawers）と呼ばれる引き出しだ。

チェスト・オブ・ドローズは置く部屋によっていろいろな役目を果たす。ダイニングではフォーク、ナイフ、ナプキンなどの収納庫に。また、寝室では一般的に一番上の引き出しに靴下や下着、ハンカチなど細かいモノを入れ、次の引き出しには最も頻《ひん》繁《ぱん》に着る日常服を入れる。また、独身女性はボトムドローといわれる一番下の引き出しに、美しいネグリジェやテーブルクロスなど、将来の結婚に備えてとっておきの品々を入れておく。"keep it in your bottom drawer"とは、将来のために大切なものをとっておく習慣をあらわした慣用句。引き出しがたくさんあるたんすはトールボーイ（tall boy）と呼ばれている。

このようにイギリス人から愛され続けてきたチェスト・オブ・ドローズは、寝室に必ず一つはあるといわれている。とくにパイン（マツ）材のチェスト・オブ・ドローズは木肌が軟らかく、色も明るいため、若い世代を中心に人気を集めている。このパイン材は早く成長するため、値段も比較的安い。またアッシュ（セイヨウトネリコ）

上◆典型的な3段引き出しのチェスト・オブ・ドローズは、イギリスのベッドルームに欠かせない家具。これはアンティークのレプリカもの。

下◆引き出しの中はしばしばささくれ立っているため、かつてはクリスマスプレゼントの包み紙を底に敷き、ドローライニングペーパーとして使った。

材は堅牢《けんろう》で、英国の伝統的な家具の象徴でもある。

　祖父が大切に使っていたオーク（ナラ）材のチェスト・オブ・ドローズを譲り受けた少年の話を聞いた。彼が子どもの頃、引き出しの表面にシールやステッカーを張り、腹を立てた母親がそれを隠すため、ペンキで白くペイントした。ところが少年は母親の塗ったその色が気に食わず、上から黒いペンキを塗り、さらに数年後、青くしたいと再びペイントした。こうして少年が何度もペンキを塗ったため、使っているうち、ついに引き出しが開かなくなってしまった。そこで彼はこの使えなくなった家具を庭先に持ち出し、バーナーで表面を焼きながら、工具でペンキをはがしたところ、再びオーク特有の美しい木肌があらわれたという。

　このようにイギリスの人々は、いったん頑丈な木製の収納家具を手に入れたら、玄関ドアや窓枠同様、繰り返しペンキを塗るなど手を加えながら使い続ける。

　ところでワンルームコテージなど一間しかないような小さな家に住んでいた昔の人々は、引き出しの中にベビーベッドを入れ、赤ちゃんを寝かせていたという。こんなドローに組み込まれたベビーベッドはコット（cot）と呼ばれた。

　こんな話を聞くにつれ、チェスト・オブ・ドローズはイギリス人にとって単なる収納家具ではないという意味がよくわかる。このシンプルな家具こそ、小さな家を住みこなす工夫の象徴だった。

ナイフ、フォークなどのカトラリーや、テーブルクロスを収納するため、ダイニングに置かれたアンティークのチェスト・オブ・ドローズ。

28 人が眠るためのたんす

モノを収納するだけが収納家具ではない。

イギリスで木製押し入れと見まがう頑丈な四角い大型家具を発見した私は、それがディープ・ベッド・カップボードと呼ばれる人間を収納するための家具と知り、大変驚いた。

この不思議な家具は、中世の頃より、ランカシャー、ヨークシャー、スコットランドなど北部を中心にイギリス全土の貧しい地域に普及していった。

狭く小さな家に暮らしていた当時の人々は、夜になると大変冷え込むうえ、一間しかない家の中でプライバシーを確保するため、ディープ・ベッド・カップボードを家の中に持ち込み、中で眠ったといわれる。高さ約120センチ、幅約180センチ、奥行き約148センチのこの大型家具は、大人二人が横になれる、ほどよい広さの個室型寝室なのだ。

人々はすき間風が通りにくいこの箱型ベッドの中にマットレスや毛布を持ち込み、凍える夜に家族の体温で暖をとり、深い眠りについた。この家具は大人と子どもたちを狭い住居の中で隔離する役割も果たしていたという。

上◆フォー・ポスター・ベッド(four poster bed)は現代のイギリスでは豪華なイメージをかもし出す家具の代表だが、もともとは寝床の防寒のための柱とカーテンだった。

下◆ディープ・ベッド・カップボードの中にわらや布を入れ、人々は冬の厳しさをしのいだ。信じがたいが16世紀末、このような家具はカーテンより安価だった。

スコットランドの一部では材木が不十分だったために、箱型寝室の代わりにしばしばベッド周りにカーテンを引いていた。底冷えのするベッドルームを暖めるため、そしてプライバシーを守り自分だけの空間を作るために、ベッド周りを囲うカーテンは重宝したのだ。

「収納は間仕切りをかねる」とは専門家が頻繁に提唱するアイディアだが、収納家具にモノではなく人間が収まることもあるのだ。

こんな家具を見ていると、収納に対する発想がより広がってくる。

最近テレビで放映された裕福な日本人の寝室を思い出した。この男性は、広い寝室の中に竹でできた四角い箱を持ち込み、その中で毎晩眠っているといった。

このユニークなクローゼットベッドについて彼は、「囲まれていることが安らぐのです」とコメントした。

29 イギリス式収納家具の買い方、選び方

イギリスで、収納家具の買い方は三つあるといわれている。

まず、早急に収納家具がほしい場合は、「ファニチャー・ウェアハウス」に行く。ここは安価な家具を販売する大型ディスカウント店なのだ。そこでほしい家具のカタログをもらって家に持ち帰り、購入したい商品の番号を用紙に書き込むと、自家用車でウェアハウスの注文カウンターに行く。そこで用紙を渡し、パッケージされた家具を受け取った後、車に詰め込み自宅で組み立てるのだ。

チェスト・オブ・ドローズを始めキッチンキャビネットまで、こんなファニチャーハウスではどんな大物も即日手に入る点が人気の理由なのだ。

次に時間に余裕がある場合は、フリーマーケット、アンティークショップを回り、多少傷んだ年代ものの家具でも自分で修理することを前提に購入する。

イギリスではテレビ番組でも"how do you buy old furniture"——古い家具の買い方をテーマにしたドキュメンタリー番組が放映され、人気となっている。このような番組では取っ手が取れたり、傷ついたチェストやクローゼットをいかに修理するかを具体的に教えながら、古い家具の価値を伝えている。とくにハードウッド・ファニチ

ャーと呼ばれる一枚板で作られた収納家具は、合板にはかなわない品格があり、年代ものこそ価値が高いとされている。

収納家具の材質がよければ、購入後、修復を繰り返し、その家具を何代にもわたって愛用することができる。

また、イギリスの新聞に掲載されている三行広告（クラシファイド）で、人々は中古家具の売買情報に目を光らせ、質のよい収納家具を安価で手に入れようとする。誰もが一生ものの収納家具を安く手に入れたいと思うからだ。

ところで、日本で簡易収納家具の代表といわれるカラーボックスは、イギリスではほとんど販売されていない。人工的で、プラスチックファニチャーと呼ばれるカラーボックスをイギリス人は家具とは考えないからだ。

日本で知人が家を新築したと聞いて遊びにいったイギリス人が、リビングルームの一角にカラーボックスを見つけ、「家は立派なのに、こんな収納では釣り合いが取れない」と、とても驚いていた。

「この人はどんな住まいを目指しているのか」

このイギリス人が感じた疑問は、日本人の住まい方を鋭く指摘している。

イギリスに1週間滞在した後、東京の自宅に戻ると驚愕する。出発前、きちんと掃除をして出たにもかかわらず、部屋が汚いのだ。いや、モノが散乱しているのか。

ロンドン東部、ブリックレーンマーケットで見つけたジャンクショップ。この店では中古家具をガード下で販売していた。手前のキッチンテーブルセットは約5000円。こんなマーケットは英国どこにでもあり、ドア、バスタブ、鏡、収納家具など、価値ある年代ものの家具が安く購入できると足繁く通う人は多い。

私自身、押し入れに入れても、棚に並べても増え続けていくモノにいら立ちを覚え、それが日々の暮らしの中で大きなストレスになっている。

わが家を見るにつけ、何かの拍子で部屋が空っぽになってくれたらどんなにスッキリするだろうかと何度も考えた。だが、日本の家にモノがあふれて見えるのは、単にモノが多いだけではなく、見せ方、収め方に問題があるのだと気づいた。

収納とはモノを飾り、美しく見せることだと考えるイギリス人にとって、収納家具もまた、思い入れが深くなければならないのだ。

〈参考文献〉
『The Shell Book of the Home in Britain』JAMES AYRES（FABER & FABER），『FURNISHING THE SMALL HOME』MARGARET MERIVALE（THE STUDIO LTD.，），『HOUSE & GARDEN BOOK OF COTTAGES』（CONDÉ NAST PUBLICATIONS）

本作品は当文庫のための書き下ろしです。

井形慶子（いがた・けいこ）
長崎県に生まれる。大学在学中よりインテリア雑誌で編集の仕事にたずさわる。二六歳で外国人向け情報誌『HIRAGANA TIMES』の編集長となる。その後、独立し、暮らし・結婚をテーマにした月刊情報誌『ミスター・パートナー』を創刊。一九歳のときに初めて訪れたイギリスの町並みに魅せられて以来、二〇年間、英国取材を続けている。『ミスター・パートナー』の編集長のほか、音楽ラジオ番組のパーソナリティをつとめる。
著書には『イギリス式月収20万円の暮らし方』『夜にそびえる不安の塔』（以上、講談社）、『古くて豊かなイギリスの家 便利で貧しい日本の家』『お金とモノから解放されるイギリスの知恵』『仕事と年齢にとらわれないイギリスの豊かな常識』（以上、大和書房）などがある。

本文写真
井形慶子＋ミスター・パートナー

だいわ文庫

イギリス式収納《しきしゅうのう》
小さな空間《くうかん》で見《み》せる！片《かた》づく！

著者 井形慶子《いがたけいこ》

二〇〇六年一一月一五日第一刷発行

発行者 南 暁
発行所 大和《だいわ》書房
東京都文京区関口一‐三三‐四 〒一一二‐〇〇一四
電話 〇三‐三二〇三‐四五一一
振替 〇〇一六〇‐九‐六四二二七

ブックデザイン 鈴木成一デザイン室
装画 今村麻果
本文デザイン モリサキデザイン
本文印刷 慶昌堂印刷
カバー印刷 山一印刷
製本 ナショナル製本

ISBN4-479-30058-9
乱丁本・落丁本はお取り替えいたします。
http://www.daiwashobo.co.jp